Le financement des actifs de la propriété intellectuelle en Afrique (espace OAPI)

Logiques Juridiques

Fondée par Gérard Marcou

Dirigée par Jean-Claude Némery et Thomas Perroud

Le droit n'est pas seulement un savoir, il est d'abord un ensemble de rapports et pratiques que l'on rencontre dans presque toutes les formes de sociétés. C'est pourquoi il a toujours donné lieu à la fois à une littérature de juristes professionnels, produisant le savoir juridique, et à une littérature sur le droit, produite par des philosophes, des sociologues ou des économistes notamment.

Parce que le domaine du droit s'étend sans cesse et rend de plus en plus souvent nécessaire le recours au savoir juridique spécialisé, même dans des matières où il n'avait jadis qu'une importance secondaire, les ouvrages juridiques à caractère professionnel ou pédagogique dominent l'édition, et ils tendent à réduire la recherche en droit à sa seule dimension positive. À l'inverse de cette tendance, la collection « Logiques juridiques » des éditions L'Harmattan est ouverte à toutes les approches du droit. Tout en publiant aussi des ouvrages à vocation professionnelle ou pédagogique, elle se fixe avant tout pour but de contribuer à la publication et à la diffusion des recherches en droit, ainsi qu'au dialogue scientifique sur le droit. Comme son nom l'indique, elle se veut plurielle.

Dernières parutions

Athoumani YHOULAM, *Le contentieux administratif en droit de l'Union des Comores,* 2022.

Élise FRAYSSE, L'Entât dans la construction doctrinale du droit administratif, Tome 1, 2022.

Élise FRAYSSE, L'Etat dans la construction doctrinale du droit administratif, Tome 2, 2022.

Nabil MOUNIR, *La liberté d'expression publicitaire, Réflexions critiques*, 2022.

Jacques DELGA, *L'association syndicale libre (ASL). Un mode de gestion alternative de la copropriété,* 2022.

Mon-espoir MFINI, *Droit des affaires : instruments de crédit et de paiement*, 2022.

Ivanne-Mara KOUM DISSAKE

Le financement des actifs de la propriété intellectuelle en Afrique (espace OAPI)

L'Harmattan

DU MÊME AUTEUR :

KOUM DISSAKE (I. M.),

- *La protection du logiciel dans l'espace OAPI*, Éditions Européennes Universitaires, 2012.
- *L'audit de la propriété intellectuelle : contribution à l'étude sur la normalisation de la propriété intellectuelle dans l'espace OAPI,* Éditions Européennes Universitaires, 2013.
- *La gestion collective du droit d'auteur et des droits voisins au Cameroun : gestion adéquate ou inappropriée ?* Éditions Européennes Universitaires, 2019.

5-7, rue de l'École polytechnique, 75005 Paris

www.harmattan.fr

ISBN : 978-2-14-027745-0
EAN : 9782140277450

PRÉFACE

Le financement des actifs de propriété intellectuelle est un sujet très peu abordé car il se trouve à la lisière du droit et de l'économie. S'y atteler relevait de par certains aspects d'un défi, défi que Madame Dissake a relevé avec succès. L'ouvrage s'intéresse principalement à l'espace OAPI (Organisation Africaine de la Propriété Intellectuelle), compte tenu de la nécessité de s'appuyer sur des lois cadres. Cependant, les règles et techniques présentées peuvent être appliquées dans tous les espaces, notamment, dans l'espace européen.

Si, en règle générale, le financement est appréhendé du point de vue de celui qui est financé, dans cet ouvrage, il a été appréhendé du point de vue de celui qui finance. Des règles de droit favorisent son apport et participent par la même occasion au financement des actifs de propriété intellectuelle.

L'ouvrage présenté par l'auteure est le fruit de sa thèse de doctorat en droit privé à l'Université de Lorraine (Nancy, France) ; thèse que j'ai codirigée avec le Professeur Joseph Fometeu et qui a été soutenue brillamment le 15 décembre 2021 à la Faculté de droit de Nancy.

Les parcours universitaire et professionnel de Madame Dissake la prédisposaient à ce substantiel travail de recherche. Titulaire de deux masters, l'un en droit de la propriété intellectuelle, l'autre en droit des affaires, elle a également exercé comme juriste de banque.

On l'aura saisi, l'ouvrage de Madame Dissake ouvre de stimulantes nouvelles perspectives juridiques et économiques.

Patrick Tafforeau, *Professeur agrégé des universités*

Sommaire

PRÉFACE 7
INTRODUCTION 11

TITRE 1 : LE FINANCEMENT DE LA CRÉATION
DES ACTIFS DE PROPRIÉTÉ INTELLECTUELLE 15
Chapitre 1 : L'objectif visé par les intervenants financiers 17
Section 1 : La cession des revenus des actifs de propriété
littéraire et artistique 17
Section 2 : l'entrée dans le capital des sociétés
demanderesses de financement pour la création des actifs
de propriété intellectuelle 38
Chapitre 2 : L'objectif visé par les initiateurs de la création 61
Section 1 : La propriété sur les actifs de propriété
intellectuelle créés 61
Section 2 : Considération des risques dans l'attente
d'un retour sur investissement 75

TITRE 2 : LE FINANCEMENT DE LA GESTION
DES ACTIFS DE PROPRIETE INTELLECTUELLE 105
Chapitre 3 : Les objectifs visés par les prêteurs sur garantie .. 107
Section 1 : Le recours aux actifs de propriété intellectuelle
nantis en paiement en cas de non remboursement 107
Section 2 : Nécessité d'une évaluation des actifs
de propriété intellectuelle 121
Chapitre 4 : L'objectif visé par les exploitants 147
Section 1 : L'exploitation via les contrats de propriété
intellectuelle 148
Section 2 : L'exploitation au travers de la gestion collective
des droits d'auteur et droits voisins 168

CONCLUSION 181
BIBLIOGRAPHIE 185

INTRODUCTION

Les économistes définissent "*l'actif*" comme un élément identifiable du patrimoine ayant une valeur économique positive pour l'entité qui en est titulaire, c'est-à-dire un élément générant une ressource. Les juristes le définissent comme un ensemble de biens possédés par une personne. Le mot "*bien*" désigne une chose matérielle ou immatérielle qui fait l'objet d'une appropriation privée ou publique. Une première définition restrictive consiste à admettre qu'un bien est une chose susceptible d'appropriation. Une autre plus large définit les biens comme tous les éléments mobiliers ou immobiliers qui composent le patrimoine d'une personne, à savoir les choses qui lui appartiennent et les droits dont elle est titulaire.

Il est vrai que certains auteurs définissent les actifs de propriété intellectuelle comme l'ensemble des titres de propriété intellectuelle. Toutefois, nous avons choisi de considérer l'actif de propriété intellectuelle comme un bien au sens large et non uniquement un droit. D'ailleurs, l'Organisation Mondiale de la Propriété Intellectuelle définit l'actif de propriété intellectuelle comme ce bien, qui après avoir rempli le critère relatif à la protection de la propriété intellectuelle peut être protégé légalement.

Définir le terme "*financement*" suppose deux angles de vue : celui qui finance et celui qui est financé. Du point de vue de celui qui finance, le financement est l'action par laquelle l'organisme ou une personne privée alloue des fonds à un tiers dans l'objectif de soutenir un projet. Du point de vue de celui qui est financé, c'est une opération permettant à un agent économique de se procurer les ressources nécessaires au financement de sa trésorerie ou de ses besoins d'investissement.

Le financement peut être interne ou externe. Lorsqu'il est interne, on parle d'autofinancement. Ce dernier est le financement d'une entreprise par ses propres capitaux. Il désigne le financement des projets de l'entreprise sans appel à des ressources extérieures, ses plus-values, son épargne, ses capitaux propres et son amortissement comptable[1]. En d'autres termes, l'entreprise utilise ses propres ressources pour investir. Sa capacité d'autofinancement dépend donc essentiellement de son bénéfice[2].

Le financement externe regroupe les moyens financiers que l'entreprise trouve à l'extérieur, soit en empruntant, soit en augmentant son capital par exemple par émission d'actions nouvelles pour une société nouvelle. Ainsi les deux sources principales du financement externe à l'entreprise proviennent du système bancaire (financement direct ou intermédié) et du marché financier (financement direct)[3].

Le financement externe direct est un financement dans lequel un agent économique, à besoin de financement, s'adresse directement au marché des capitaux. L'agent économique trouve directement ses fournisseurs de capitaux soit en les leur empruntant (émission d'obligations), soit en leur vendant des parts de la société (émission d'actions). Le financement externe indirect est généralement le financement par le crédit bancaire. Ce

---

[1] T. Brunet, Y. Metay, F. Moine, *Économie droit : terminale STG*, Rosny-sous-Bois, Bréal, p.227.

[2] M. Montoussé, D. Chambay, *100 fiches pour comprendre les sciences économiques*, 3e édition, Rosny-sous-Bois, Bréal, 2005, p.137.

[3] P. Deubel, M. Montoussé, S. Agostino, *Dictionnaire de Sciences Économiques et Sociales*, Rosny-sous-Bois, Bréal, 2008, p.94.

financement est dit indirect ou intermédié car les banques jouent un rôle d'intermédiaire entre les épargnants et les emprunteurs puisqu'elles transforment les dépôts en prêts.

Le financement des actifs de propriété intellectuelle a généralement été assimilé au nantissement des droits de propriété intellectuelle. Dans un de ses articles, le magazine de l'Organisation Mondiale de la Propriété Intellectuelle (OMPI) disait : « le financement de la propriété intellectuelle, c'est-à-dire l'utilisation en garantie d'une créance de marques, dessins et modèles, brevets et droits d'auteur ou autres actifs intellectuels, suscite un intérêt croissant dans les milieux concernés[4] ».

Si le nantissement est le mode de financement évoqué de prime abord, les actifs de propriété intellectuelle peuvent faire l'objet d'une titrisation. La titrisation est une technique financière qui consiste à transférer à des investisseurs des actifs financiers tels que des créances, en les transformant par le passage à travers une société ad hoc en titres financiers émis sur le marché des capitaux. David Bowie s'est démarqué en devenant le premier artiste à émettre des obligations à partir de ses droits d'auteur. Pendant 10 ans, le rendement des obligations s'élèvera à 7,9 %, un taux alors plus important que celui des titres de dette d'État. Cette originalité a conduit Alexandre Quiquerez à écrire une thèse sur la titrisation des actifs intellectuels[5].

La lecture de l'Accord de Bangui[6], loi cadre de l'Organisation Africaine de la Propriété Intellectuelle (OAPI) permet de comprendre que le financement renvoie

---

[4] OMPI, « Propriété intellectuelle et financement : une introduction », *Magazine de l'OMPI*, 5/2008.

[5] Thèse soutenue publiquement en 2011 par Alexandre Quiquerez à l'université de Poitiers sous la direction de Nicolas Binctin et André Prüm.

[6] Cette étude a été menée sur la base de l'Accord de Bangui de 1999.

dans un premier temps aux licences et aux cessions. Les licences et cessions sont des modes de financement interne. L'entreprise se finance par ses propres capitaux grâce au cash-flow provenant des actifs de l'entreprise. Dans un second temps, le financement renvoie à l'utilisation en garantie des actifs de propriété intellectuelle. L'entreprise se finance en faisant recours à des ressources extérieures.

L'utilisation en garantie (nantissement), les licences et cessions sont des modes de financement. Cependant, ces modes de financement ne concernent pas la création des actifs de propriété intellectuelle. Ainsi, l'on peut se poser la question de savoir ***comment les actifs de propriété intellectuelle sont financés ou peuvent être financés dans l'espace OAPI aussi bien au regard de la création qu'au regard de la gestion des actifs de propriété intellectuelle***.

L'intérêt pratique du financement est pour celui qui reçoit le financement. Toutefois, ce travail a été abordé différemment, du point de vue de celui qui finance. Celui qui apporte les capitaux doit avoir un intérêt en le faisant.

Afin de pouvoir mener à bien notre recherche, nous avons choisi d'utiliser la méthodologie de François Gény. Selon elle, il ne faut pas demander à la loi plus de solutions que n'en contienne sa formule et que pour le surplus la coutume, la tradition doctrinale et la libre recherche scientifique fournissent ou créent le complément d'un droit positif qui n'est plus rattaché artificiellement à la loi.

La propriété intellectuelle est organisée autour de deux phases. La première phase consiste à accéder à la protection. La seconde phase consiste à exploiter les droits de propriété intellectuelle. Le financement des actifs de propriété intellectuelle est à la lumière de cette structuration. Ainsi, il existe le financement pour la création (Titre 1) et pour la gestion des actifs de propriété intellectuelle (Titre 2).

Titre 1
Le financement de la création des actifs de propriété intellectuelle

Le financement des actifs de propriété intellectuelle est un acte volontairement accompli par des personnes physiques ou morales. Ces personnes sont des financeurs. Elles peuvent être des spécialistes dans le monde de la finance ; des personnes qui font des finances, leur métier. Elles peuvent être des personnes qui initient la création dont l'intérêt dans le financement par elles, découle du lien qui subsistera avec l'actif de propriété intellectuelle créé.

Des techniques et des règles de droit favorisent le financement de la création des actifs de propriété intellectuelle par les intervenants financiers (chapitre 1) et par les initiateurs de la création (chapitre 2).

Chapitre 1
L'objectif visé par les intervenants financiers

La remise des fonds par les intervenants financiers pour la création des actifs de propriété intellectuelle est faite en contrepartie de quelque chose. Cette contrepartie est encadrée par des règles de droit. Le droit prévoit des techniques favorisant le financement. Ces techniques sont des objectifs visés par l'intervenant financier. Parmi ces objectifs, l'on peut citer la cession des revenus des actifs de propriété littéraire et artistique futurs (Section 1) et l'entrée des intervenants financiers dans le capital des sociétés demanderesses de financement pour la création des actifs de propriété intellectuelle (Section 2).

Section 1 : La cession des revenus des actifs de propriété littéraire et artistique

La cession des revenus est une technique favorisant le financement. En effet, en apportant les fonds pour la création des actifs de propriété intellectuelle, les intervenants financiers peuvent demander aux personnes financées que leur soient cédés les revenus sur les actifs de propriété intellectuelle créés. C'est une forme de garantie. Elle rassure le financier, le créancier. Cette cession concerne la plupart du temps les actifs de propriété littéraire et artistique futurs. Cela ne veut surtout pas dire qu'il n'est pas possible de faire une cession des revenus des actifs de propriété industrielle futurs. Cependant, les actifs de propriété industrielle futurs ne donnent pas obligatoirement lieu à une utilisation externe. Les actifs de propriété industrielle ont vocation premièrement à une exploitation interne. Ces actifs peuvent être utilisés sans recours à une exploitation par les tiers. Ce qui n'est pas le cas des actifs de propriété littéraire et artistique futurs, dont l'exploitation est premièrement externe. L'utilisation externe, qui est une condition essentielle des actifs de propriété littéraire et artistique, conduit nécessairement au paiement des redevances.

Afin de mieux comprendre la distinction, il existe des actifs à valeur implicite et les actifs à valeur réalisable. Les actifs à valeur implicite sont les actifs de propriété intellectuelle non concédés en licence ou faisant seulement l'objet d'une utilisation interne[7]. La détermination de leur valeur est moins aisée que la détermination de la valeur des actifs à valeur réalisable. C'est cette catégorie d'actifs que préfèrent les investisseurs soucieux de disposer d'une valeur d'une sûreté suffisante et d'une trésorerie permettant le remboursement. Les actifs de propriété littéraire et artistique sont d'abord des actifs à valeur réalisable. Leur exploitation donne lieu au paiement des redevances. Raison pour laquelle nous présenterons la cession des revenus des actifs de propriété littéraire et artistique futurs comme technique favorisant le financement par les intervenants financiers, sachant que le même principe peut être appliqué aux revenus des actifs de propriété industrielle futurs. Dans ce cas de figure, nous serons en présence d'une cession des redevances découlant des licences d'exploitation des actifs de propriété industrielle futurs.

---

[7] G. Gagliani, *Propriété intellectuelle et finance : gestion comptable et valorisation des droits de propriété intellectuelle*, séminaire à Dakar, Mai 2014, p. 15.

L'opération de cession des revenus des actifs de propriété littéraire et artistique futurs découle généralement d'un financement par prêt (Paragraphe 1). C'est dans le cadre d'un financement par prêt, que peut être demandée la cession des revenus par le prêteur. Le prêteur finance la création des actifs de propriété littéraire et artistique. En contrepartie, il reçoit une cession des revenus sur les actifs de propriété littéraire et artistique futurs (Paragraphe 2).

Paragraphe 1 : Le financement de la création des actifs de propriété littéraire et artistique futurs par prêt

Les sommes avancées par prêt (A) le sont pour la création des actifs de propriété littéraire et artistique (B).

A- Le prêt d'argent

Le « prêt est le contrat par lequel une personne remet à une autre, à titre précaire, un objet, du matériel ou des matériaux, des marchandises ou une somme d'argent, à charge de restitution au terme qu'elles conviennent[8] ». Le contrat de prêt d'argent n'est pas forcément onéreux. Onéreux signifie « *qui occasionne des frais* ». Les frais occasionnés viennent en surplus du remboursement du prêt. Il existe des contrats de prêt d'argent qui n'occasionnent aucun frais supplémentaire. L'emprunteur rembourse uniquement la somme prêtée.

Le financement par prêt d'argent avec intérêts est un financement externe. Le financement externe indirect est généralement le financement par le crédit bancaire. Ce financement est dit indirect ou intermédié, car les banques jouent un rôle d'intermédiaire entre les épargnants et les emprunteurs puisqu'elles transforment les dépôts en prêts. Cependant, le prêt d'argent avec intérêts ne se limite pas uniquement au crédit bancaire et à l'intermédiation. Il faut

[8] S. Braudo, *Dictionnaire juridique en ligne.*

le savoir, un prêt consiste en une transaction financière qui peut être effectuée autant entre une banque et un particulier qu'entre deux particuliers. En revanche, un crédit ne peut être contracté qu'à la banque. Si le crédit ne concerne que la banque, il existe d'autres formes de prêt d'argent avec intérêts ne faisant intervenir en principe aucune forme d'intermédiation, à l'instar du crowdfunding.

Encore appelé financement participatif, le *crowdfunding* est un mode alternatif de financement des projets. « Il s'agit d'un outil de collecte de fonds fonctionnant sur une plateforme internet et permettant à un ensemble de contributeurs de choisir collectivement de financer directement et de manière traçable des projets identifiés[9] ».

Il traduit l'activité réalisée par des porteurs culturels, sociaux ou entrepreneuriaux afin de lever les fonds nécessaires pour mener leur projet, en faisant appel à des contributions à faibles montants issues d'un grand nombre d'individus à travers internet sans les intermédiaires financiers traditionnels[10]. Le financement participatif permet donc aux fondateurs d'entreprises à but lucratif, artistiques et culturelles de financer leurs efforts en s'appuyant sur des contributions relativement modestes d'un nombre relativement important de personnes utilisant Internet sans intermédiaires financiers classiques. Étant donné que ce mode de financement se fait sans l'aide des acteurs traditionnels du financement, il est dit désintermédié. Il permet de contourner les intermédiaires financiers en s'adressant directement au public[11] par un processus de levée de fonds afin de contribuer à la mise en

[9] https://fr.m.wikipedia.org/wiki/Financement_participatif.

[10] E. Mollick, « The dynamics of crowdfunding : an exploratory study », *Journal of Business venturing*, Vol. 29, 2014.

[11] V. Bessière, E. Stéphany, *Le crowdfunding : fondements et pratiques*, Louvain-la-Neuve, De Boeck, 2014, p. 18.

œuvre d'idées prometteuses en mettant en relation des porteurs de projets et des contributions potentielles.

Cette offre publique essentiellement à travers internet pour l'obtention des ressources financières peut être faite sous forme de dons ou en échange d'une récompense ou de droits de vote, afin de contribuer à des initiatives correspondant à des projets précis[12]. Ainsi on distingue le *crowdfunding* sous forme de prêt, de dons ou d'investissement. Le *crowdfunding* sous forme de prêt est ce qui nous intéresse dans le cadre de cette partie.

Le crédit est un acte dangereux. Raison pour laquelle, dans le souci de protéger les épargnants, le législateur français a adopté un nouveau statut sur les opérations de *crowdfunding* sous forme de prêt, celui d'intermédiaire en financement participatif[13]. L'intermédiation en financement participatif est une activité qui consiste à mettre en relation au moyen d'un site internet, les porteurs d'un projet et les personnes finançant ce projet[14]. L'intermédiaire en financement participatif est cette personne qui exerce à titre habituel les opérations de prêt à titre onéreux ou sans intérêt[15]. Il n'est pas assimilé à un établissement de crédit. L'élément caractéristique de la définition du statut de l'intermédiaire en financement participatif réside dans l'acte de mise en relation. Par contre, l'activité des établissements de crédit consiste à

[12] A. Schwienbacher, B. Larralde, « Crowdfunding of small entrepreneurial venture », *Journal électronique SSRN*, 10, 1, 23, 28 septembre 2010.

[13] L'article 17 de l'ordonnance du 30 mai 3014 a ajouté au chapitre 8 du livre V du code monétaire et financier les intermédiaires en financement participatif.

[14] Article L 548-1 du Code monétaire et financier de la France.

[15] Article L 548-2 du Code monétaire et financier de la France.

recevoir des fonds remboursables du public et à octroyer les crédits pour leur propre compte[16].

Dans les pays membres de l'espace OAPI, le *crowdfunding* est un peu marginal. L'activité d'une des plateformes majeures de financement des projets en Afrique, KIVA, montre que sur les 348 162 prêts recensés en septembre 2017, « le Cameroun est le seul pays représenté de la sous-région avec 4 421 projets financés pour un total de 1,1 milliard FCFA, soit 0,74 % du montant total levé sur le continent [17] ». La plateforme KIVA est l'une des plateformes américaines de microcrédit les plus populaires dans le monde[18].

Le *crowdfunding* est très peu connu et utilisé dans les pays francophones. Cette lacune s'explique par un défaut de législation dans le domaine. L'environnement juridique actuel ne tient pas compte de l'existence du *crowdfunding* pourtant un cadre juridique protégeant les prêteurs et clarifiant les devoirs de tout un chacun est un impératif pour le développement harmonieux de l'activité dans la zone[19]. Il n'existe pas de règles sur le montant maximum que l'on peut prêter comme il en existe en France. Dans le *crowdfunding* sous forme de prêt avec intérêts, la législation française régule le plafond à 2000 euros par projet ; 5 000 euros dans le cadre d'un crowdfunding sous forme de prêt sans intérêt[20]. En plus, la plateforme doit être

---

[16] M. Chaben, Le financement participatif (crowdfunding), Saint-Denis, Connaissances et savoirs, 2016, p. 51.

[17] P. N. D. Essiane, J. Onomo Betsama, « Le développement du crowdfunding dans la CEMAC : opportunités, frein et rôle de la banque centrale », *BEAC occasional papier BOP*, N°02/18, Janvier 2018, p. 5

[18] C. Goblin, *L'affectif et les valeurs dans le choix d'investissement en equity crowdfunding 1 : approche théorique transdisciplinaire*, Londres, Éditions ISTE, 2021, p. 17.

[19] P. N. D. Essiane, J. Onomo Betsama, Op. Cit., pp. 8 à 9.

[20] Voir l'ordonnance N°2014-559 du 30 mai 2014 relative au financement participatif en France.

immatriculée au registre de l'ORIAS[21] en tant qu'intermédiaire en financement participatif. La BEAC[22] souligne tout de même que, même si plus de 99 % des projets financés via le *crowdfunding*, dans la Zone CEMAC[23] (Cameroun, Centrafrique, Congo, Gabon, Guinée équatoriale et Tchad) le sont sur des plateformes étrangères, l'on relève la création des sites internet de financement participatif dans la sous-région, à l'instar de « *G-Starters* » au Gabon et « *Guanxi Invest* » au Cameroun.

L'émergence des plateformes de financement participatif a été permise grâce à internet et aux réseaux sociaux[24], complétant ou remplaçant la traditionnelle souscription. La plateforme est arrivée comme un nouvel intermédiaire avec pour objectif de mettre en relation des investisseurs avec des entrepreneurs qui souhaitent lever des fonds. Au début du *crowdfunding*, les experts parlaient de désintermédiation du financement des entreprises à risque. Plusieurs évolutions montrent que le financement participatif devient à son tour, un intermédiaire de financement[25]. Qu'à cela ne tienne, cette tendance s'inscrit dans un mouvement plus global : celui de la consommation collaborative et de la production participative. Ainsi, le prêt d'argent avec intérêts ne nécessite plus le passage par un crédit bancaire. Le *crowdfunding* permet ainsi aux particuliers de participer au financement de la création des actifs de propriété littéraire et artistique que ce soit sous forme de prêt d'argent avec intérêts ou sans intérêt.

---

[21] Registre unique des intermédiaires en assurance, banque et finance.

[22] Banque des États d'Afrique Centrale.

[23] Communauté Économique et Monétaire d'Afrique Centrale.

[24] T. Hemdane, « Le crowdfunding, une innovation pour financer le développement du Maroc » dans *Techniques financières et développement*, 2016/3-4 (N°124), p. 27 à 34.

[25] D. Heller, S. De Chadirac, L. Halaoui, C. Jouvet, *L'émergence des start-up*, Vol. 1, Londres, Éditions ISTE, 2019, p. 118.

Parlant du prêt d'argent sans intérêt, il faut savoir que les établissements prêteurs, en règle générale, n'accordent pas les prêts d'argent sans intérêt. La banque est un commerce comme un autre. Cependant, à l'instar de la France, il existe des prêts à taux zéro. Le prêt à taux zéro est destiné à financer l'acquisition ou l'amélioration de la résidence principale de l'emprunteur. Dans le cas de l'acquisition d'un logement ancien en vue de son amélioration, des conditions de travaux sont requises[26]. Ainsi, cette forme de prêt ne peut être requise pour le financement de la création des actifs de propriété littéraire et artistique.

Le principe voudrait que les revenus provenant des actifs de propriété littéraire et artistique futurs puissent être utilisés dans le remboursement ; qu'il s'agisse d'un remboursement en plusieurs paiements (remboursement à échéances constantes ou remboursement à échéances modulables) ou d'un remboursement en un seul paiement (remboursement in fine ou remboursement total par anticipation). Cependant tous les actifs de propriété littéraire et artistique ne sont pas susceptibles d'un financement par prêt.

B- Les actifs de propriété littéraire et artistique susceptibles d'un financement par prêt

Tous les actifs de propriété littéraire et artistique (œuvres littéraires et artistiques, œuvres dérivées ou composites, phonogrammes, vidéogrammes, etc.) ne peuvent faire l'objet d'un financement pour leur création. En effet, l'écriture d'un livre ne nécessite pas un financement par prêt.

La plateforme Fundit.ie, modèle intéressant adapté à l'économie de la culture dans le monde anglo-saxon est une plateforme spécialisée dans les projets artistiques en rapport

---

[26] J. J. Granelle, *Économie immobilier : analyses et applications*, Economica, 1998, p. 279.

avec le crédit. My majorcompany est une plateforme de financement participatif dans le domaine musical ; plateforme qui est devenue un label produisant des artistes ayant été découverts grâce au crowdfunding. À titre d'exemple, l'auteur compositeur interprète d'origine camerounaise Irma avait été repérée par cette plateforme grâce à des vidéos publiées sur YouTube. Au travers de cette plateforme, cette artiste arrivée en France dans l'adolescence avait réussi à mobiliser soixante-dix mille (70 000) euros en 48 heures pour le financement de son album[27]. La création d'un album musical a déjà fait l'objet d'un financement par *crowdfunding*. Si la création d'un album musical peut nécessiter des capitaux, il existe des actifs de propriété littéraire et artistique dont la création engendre d'énormes capitaux. Ces actifs découlent généralement des œuvres dramatiques (théâtre, comédie musicale) et des œuvres audiovisuelles à l'instar des films.

Le film dans le sens d'œuvre cinématographique est la fixation par la photographie d'une suite d'images réglée par l'idée centrale, c'est-à-dire une œuvre sui generis à la fois littéraire et artistique[28]. En France, il y a une différence entre œuvre audiovisuelle en tant que création intellectuelle et œuvre audiovisuelle en tant que création culturelle[29]. Le droit d'auteur, qui définit l'œuvre audiovisuelle en tant que création intellectuelle, ne fait pas de distinction entre les œuvres cinématographiques et les autres œuvres audiovisuelles.

En tant que création culturelle, l'œuvre audiovisuelle a pour objectif d'encourager la production et la diffusion des œuvres qui sont considérées comme augmentant le

[27] M. Hendricks, *Crowdfunding: mode d'emploi*, Liège, Edipro, 2015, pp. 51-52.

[28] D. Raiguel, *Le cinématographe et le droit d'auteur*, impr. Nouv. C. Corbaz S.A, 1940, p.14.

[29] Le législateur OAPI ne fait pas cette distinction.

patrimoine audiovisuel au détriment de celles qui ne sont guère susceptibles d'être rediffusées. L'un des décrets d'application de la loi française du 30 septembre 1986, en date du 17 janvier 1990 qui s'attache dans son article 2 à définir la notion d'œuvre cinématographique précise que la définition de l'œuvre cinématographique repose sur le critère principal de l'exploitation en salle, en France ou à l'étranger.

La distinction du législateur français entre les œuvres cinématographiques, destinées à une première exploitation en salle et les autres œuvres audiovisuelles repose sur l'aspect commercial. Dans cette logique, afin de favoriser le financement de l'industrie cinématographique, la loi française permet ainsi la cession fiduciaire des revenus sur une œuvre cinématographique future[30].

Paragraphe 2 : La cession des revenus futurs aux intervenants financiers apportant le financement

La cession des revenus futurs aux intervenants financiers apportant les capitaux soulève préalablement une cession des œuvres futures (A). C'est à la suite de celle-ci que peut être réalisée une cession des revenus futurs (B).

A- La cession des œuvres futures

La possibilité de céder les actifs de propriété littéraire et artistique futurs est complexe. En effet, elle suscite beaucoup de débats. Débat qui découle d'une disposition de l'Accord de Bangui, disposition qui est reprise dans la plupart des législations nationales comme internationales. « *La cession globale des œuvres futures est nulle*[31] ». La

---

[30] J. P. Desteri, *La préférence dans les relations contractuelles*, Presses Universitaires d'Aix Marseille, 1997, p. 83.

[31] Article 37 alinéa 1 de l'annexe VII de l'ABR relatif à la propriété littéraire et artistique ; Article 22 de la loi camerounaise N°2000/011 du

prohibition de la cession globale des œuvres futures a une logique. En effet, si le législateur a préféré déroger à la règle exprimée selon laquelle les choses futures peuvent être l'objet d'une obligation, plutôt que de s'en remettre à la volonté des parties, c'est de toute évidence, pour garantir le droit des auteurs[32]. Cette disposition vise à protéger les auteurs qui se seraient dépouillés du droit d'exploiter l'ensemble de leurs œuvres futures[33]. En effet, certains auteurs ont estimé que la prohibition dont il s'agit concerne les droits d'exploitation des œuvres futures et non les œuvres futures en elles-mêmes, c'est-à-dire la cession de la propriété corporelle des œuvres futures[34]. Cependant exclure du champ de la prohibition, les supports matériels semblent arbitraires pour certains car il existe de nombreuses dispositions concernant le statut de l'œuvre[35]. Que ce soit les droits d'exploitation des œuvres futures qui sont concernés ou les supports matériels futurs, le débat ne se situe pas à ce niveau concernant la prohibition de la cession globale des œuvres futures.

À la lecture de ce qui précède, l'on peut penser de prime abord qu'il n'est pas possible de faire des transactions économiques sur les œuvres futures. Toutefois, le caractère « *global* » associé à la cession laisse penser autre chose. En effet, si les œuvres futures sont déterminées, une cession précise est possible. Le législateur OAPI prévoit que le titulaire du droit d'auteur peut accorder à un éditeur, un droit de préférence pour l'édition de ses œuvres futures à condition qu'elles soient relatives à un genre déterminé. Ce

---

19 décembre 2000 sur le droit d'auteur et les droits voisins ; Ancien article 1130 du code civil français remplacé par l'article 1163.

[32] A. Lucas, *Propriété littéraire et artistique*, Paris, Dalloz, 1994, p.82.

[33] J. Ghestin, *Traité des contrats*, Vol. 1, LGDJ, 1990.

[34] A. Huguet, *Ordre public et contrat d'exploitation du droit d'auteur*, Paris, LGDJ, 1961, p. 133.

[35] P. Y. Gautier, *La propriété littéraire artistique*, Paris, PUF, 2007, p. 574.

droit est toutefois limité pour chaque genre à cinq ouvrages nouveaux[36]. Cependant, il est important de préciser que le contrat d'édition est soumis aux dispositions du code national réglant les obligations civiles et commerciales[37].

Le juge doit apprécier le caractère global de la cession en tenant compte principalement du degré de précision dans la définition de l'obligation de création des œuvres à réaliser[38]. Par conséquent, un auteur pourra s'engager à produire pendant une durée déterminée, même longue ou bien à exécuter en nombre d'œuvres même élevé ; si les parties ont convenu un minimum de précision de ces créations à venir et de leur désignation, leur accord ne saurait être censuré[39]. Ainsi, lorsque les actifs de propriété littéraire et artistique futurs sont déterminés, la cession est permise.

B- La cession des revenus futurs

Les revenus futurs peuvent être définis comme ce qui revient dans l'avenir à quelqu'un comme rémunération d'un travail, le fruit du capital. Le fruit est le résultat avantageux que produit quelque chose. Dans le domaine de la propriété intellectuelle, le fruit est généralement entendu sous la notion de redevance. La redevance est une prestation en argent qui est versée périodiquement au propriétaire d'un droit de propriété intellectuelle par la ou les personnes qu'il a autorisées à en poursuivre l'exploitation. En ce sens, les redevances sont des créances.

---

[36] Article 48 de l'annexe VII de l'ABR (Accorde de Bangui révisé) relatif à la propriété littéraire et artistique.

[37] Article 39 alinéa 3 de l'annexe VII de l'ABR relatif à la propriété littéraire et artistique.

[38] J. M. Mousseron, J. Schmidt Szamewki, *Les créations d'employés,* Paris, Litec, 1990, p. 273.

[39] Cass. 1er Civ. 6 Nov. 1979, N°77-16 001, Publication, Bulletin des arrêts, Cour de cassation chambre civile 1 N° 271.

La créance est un droit en vertu duquel une personne peut exiger quelque chose, une somme d'argent. Le fruit est une somme d'argent qui est obtenue en contrepartie de l'utilisation d'une chose. Il rémunère au propriétaire de la chose, la jouissance de son bien. Les fruits résultant de l'exploitation du droit de propriété intellectuelle donnent des créances au titulaire de ce droit. Dans notre cas de figure, les créances sont sur deux volets. Le premier volet concerne la créance qu'a le financier sur l'emprunteur lorsqu'il apporte les capitaux pour le financement de la création des actifs de propriété littéraire et artistique. Le deuxième volet concerne la créance qu'a l'emprunteur sur les futurs exploitants de l'actif de propriété littéraire et artistique. C'est cette créance qui est cédée aux intervenants financiers.

La cession de créance est définie comme le « contrat par lequel le créancier cédant transmet, à titre onéreux ou gratuit, tout ou partie de sa créance contre le débiteur cédé à un tiers appelé le cessionnaire [40] ». Elle est un mode de paiement (1) et une sûreté (2).

1- La cession de créance en tant que mode de paiement

En tant que mode de paiement, elle se rapproche de la délégation et de la subrogation, bien qu'elle soit distincte.

La délégation peut être définie comme « l'opération juridique par laquelle une personne, le délégué s'oblige sur instruction d'une autre personne, le délégant, envers une troisième, le délégataire[41] ». S'il est reconnu que l'on puisse apporter en garantie d'un prêt d'argent une créance détenue par un tiers, la délégation a tout son sens. L'emprunteur délègue son créancier pour le paiement de sa dette auprès

[40] Article 1321 du Code Civil Français.

[41] M. Biliau, *La délégation de créance, Essai d'une théorie juridique de la délégation en droit des obligations*, Paris, LGDJ, 1989, p. 2.

du prêteur. Dans notre cas de figure, le futur titulaire de l'actif de propriété littéraire et artistique demande à celui qui exploite son actif de propriété littéraire et artistique de verser les sommes dues auprès du prêteur et non entre ses mains. À ce niveau, nous sommes dans une forme de délégation de licence. La délégation de licence apparaîtra donc comme un acte aux termes duquel le titulaire de l'actif de propriété intellectuelle (le délégant) demande à son licencié (le délégué) de verser ses redevances entre les mains du prêteur (le délégataire). La délégation est donc une opération juridique qui confère au délégataire des satisfactions réelles très intéressantes[42]. Elle est un mode simplifié d'extinction des obligations, car elle intervient à titre de paiement. On parle de délégation de paiement.

Si la délégation de paiement ressemble à la cession de créance quant à la finalité, ces deux notions sont différentes. Dans la cession de créances, il y a un transfert de créance ; dans la délégation, il y a la création d'un nouveau rapport d'obligation entre le délégué et le délégataire qui dispose alors de deux débiteurs. En plus, la cession de créance exige le consentement du débiteur cédé. Ce qui n'est pas le cas dans la délégation.

La délégation est un mode de paiement proche de la cession des créances, tout comme la subrogation.

Dérivée du latin « *subrogare* », la notion de subrogation évoque l'idée de remplacement. La subrogation est un remplacement, une substitution. Elle peut être personnelle comme réelle.

Jacques Mestre considère la subrogation comme étant uniquement personnelle. Pour lui, la subrogation est la substitution d'une personne dans les droits attachés à la créance dont un autre était titulaire à la suite d'un paiement

[42] Groupe de prospective juridique appliquée, *Droit et financement des entreprises : prospectives juridiques appliquées : rapport du groupe*, Documentation française, 1971, p. 157.

effectué par la première entre les mains de la seconde[43]. La subrogation personnelle réalise la subrogation dans un rapport d'obligation d'une personne par une autre. « Plus précisément, la subrogation personnelle opère substitution d'une personne, le subrogé, dans les droits d'un créancier appelé subrogeant, à qui la première paie une dette à la place du débiteur[44] ».

La subrogation réelle réalise la substitution dans un patrimoine d'une chose par une autre. Elle consiste à substituer dans un même rapport d'obligations une chose à une autre dans le patrimoine d'une des parties. Elle s'entend de la substitution d'un bien par un autre qui lui emprunte certaines caractéristiques juridiques et notamment son caractère propre. Il s'agit d'une opération qui porte sur un changement de la chose.

La cession de créance se rapproche de la subrogation personnelle, quoiqu'elle en soit distincte. Lorsque la subrogation est personnelle, la subrogation produit les mêmes effets que la cession de créance. En effet, le créancier subrogé devient titulaire de la même créance que le créancier subrogeant. Il y a donc un transfert de ladite créance de l'un à l'autre. Cependant, si en matière de subrogation personnelle, le transfert de créance intervient à titre accessoire à un paiement, en matière de cession de créance, le transfert de créance constitue l'objet principal de l'opération. Dans la cession de créance, les parties ont pour objectif de transférer un rapport d'obligation moyennant le paiement d'un prix. Alors que la subrogation consiste au paiement par une personne autre que le débiteur de sa dette.

---

[43] É. Jeuland, *Essai sur la substitution de personnes dans un rapport d'obligation*, Paris, LGDJ, 1999, p. 95.

[44] A. Bamde, J. Bourdoiseau, « Le régime juridique de la subrogation (légale et conventionnelle) : notion, conditions, effets », http://www.aureliebamde.com.

La délégation et la subrogation permettent de comprendre la notion de cession des revenus. Cependant, ces notions ne mettent pas en avant l'aspect sûreté de la cession des revenus.

2- La cession de créance en tant que sûreté

À la différence du législateur français, le législateur OHADA[45] définit la sûreté comme « l'affectation au bénéfice d'un créancier d'un bien, d'un ensemble de biens ou d'un patrimoine afin de garantir l'exécution d'une obligation ou d'un ensemble d'obligations, quelle que soit la nature juridique de celle-ci, et notamment qu'elles soient présentes ou futures, déterminées ou déterminables, conditionnelles ou inconditionnelles, et que leur montant soit fixe ou fluctuant[46] ». Contrairement au droit de gage général dont dispose tout créancier sur les biens de son débiteur[47], les sûretés confèrent à leur titulaire des garanties particulières[48]. Tout d'abord, elles accroissent les chances d'être payé au-delà de ce qui pourrait être garanti par le droit de gage général. Ensuite, elles affectent la valeur d'un bien ou d'un ensemble de biens au paiement de la créance

[45] Organisation pour l'Harmonisation en Afrique du droit des affaires. Notre étude s'inscrit dans l'espace OAPI, espace régit par l'Accord de Bangui. Travaillant sur les questions de financement, cette étude touche également le domaine du droit des affaires. Le droit des affaires appliqué dans les États membres de l'espace OAPI découle du droit OHADA.

[46] Article 1 de l'AUS (Acte Uniforme OHADA relatif aux sûretés)

[47] P. Crocq, I. B. Yondo, M. Brizoua-bi, O. Fille Lambie, L. J. Laisney, A. Marceaucotte, *Le nouvel acte uniforme portant organisation des sûretés, la réforme du droit des sûretés de l'OHADA,* Rueil-Malmaison, Lamy, 2012, p. 12.

[48] F. Anoukaha, A. Cissé-Niang, M. Folie, J. Issa Sayegh, L. Y. N'diaye, M. Samb, *OHADA sûretés*, Bruxelles, Bruylant, 2002, p. 2.

permettant ainsi au créancier d'être protégé efficacement contre l'insolvabilité de son débiteur[49].

La sûreté apparaît donc comme une garantie particulière accordée à un créancier qui lui permet d'obtenir satisfaction en cas de défaillance de son débiteur par affectation d'un bien ou par la substitution d'un tiers. Elle s'ajoute à la créance et disparaît en principe lorsque la créance s'éteint. Si les mots « *sûreté* » et « *garantie* » semblent vouloir dire la même chose, il existe une différence subtile entre les deux. Toute sûreté est une garantie, mais toute garantie n'est pas une sûreté[50]. La sûreté est un ensemble de mécanismes qui garantit le créancier contre l'insolvabilité du débiteur. La garantie, quant à elle, est un avantage particulier conféré à un créancier ayant pour but de suppléer à l'exécution régulière d'une obligation ou d'en prévenir l'inexécution[51]. Elle globalise les avantages du créancier visant à se prémunir du non-paiement d'une dette ou de la non-exécution. Son concept est plus vaste.

La cession des revenus futurs a généralement pour objectif de fournir une garantie au prêteur. Cependant, d'après la législation OHADA, il existe une petite distinction dans la finalité recherchée. C'est ainsi qu'il y a la cession des revenus des actifs de propriété littéraire et artistique futurs à titre de garantie et la cession des revenus des actifs de propriété littéraire et artistique futurs à titre de propriété.

La première est un nantissement des créances ; le nantissement comme cession des créances à titre de garantie. Il « est l'affectation d'un bien meuble incorporel

---

[49] Y. Diallo, *Les sûretés et garanties réelles dans les procédures collectives*, Paris, L'Harmattan, 2019, p. 26.

[50] M. Zio, *Le cautionnement à l'épreuve du droit de la consommation : perspectives d'évolution du cautionnement en droit OHADA*, Saint-Denis, Connaissances et savoirs, 2016, p. 30.

[51] P. Crocq, *Propriété et garantie*, Paris, LGDJ, n° 287, 1995.

ou d'un ensemble de biens meubles incorporels, présents ou futurs, en garantie d'une ou plusieurs créances, présentes ou futures, à condition que celles-ci soient déterminées ou déterminables[52] ».

Le nantissement de créances n'est pas formellement défini par le droit OHADA. Toutefois, en filigrane, l'on peut dire que c'est l'affectation d'une créance ou d'un ensemble de créances présentes ou futures, en garantie d'une ou plusieurs créances, présentes ou futures, à condition que celles-ci soient déterminées ou déterminables. Si les créances sont futures, l'acte doit permettre leur individualisation ou contenir des éléments permettant celle-ci, tels que l'indication du débiteur, le lieu de paiement, le montant des créances ou de leur évaluation et s'il y a lieu, leur échéance[53].

Le nantissement de créances englobe deux notions dont il est important de préciser le sens. Il s'agit de la créance nantie et de la créance garantie. Pour ce qui est de la créance nantie, il peut s'agir d'une créance présente ou future. Le nantissement peut même porter sur une fraction seulement de la créance sauf si elle est indivisible[54] Il s'étend aux accessoires de cette créance à moins que les parties n'en conviennent autrement[55]. S'agissant de la créance garantie, la notion ne veut surtout pas dire « *la créance utilisée en garantie* ». La créance utilisée en garantie est la créance nantie.

Afin de mieux comprendre ces deux notions par rapport à notre étude sur le financement des actifs de propriété intellectuelle dans l'espace OAPI, la créance nantie représente les fruits et revenus futurs résultant de l'exploitation des droits de propriété intellectuelle. La

[52] Article 125 de l'AUS.
[53] Article 127 de l'AUS.
[54] Article 129 de l'AUS.
[55] Article 130 de l'AUS.

créance garantie représente quant à elle l'argent mis à la disposition par le prêteur.

Les modes de réalisation sont offerts au créancier en fonction de la chronologie des échéances de la créance nantie et de la créance garantie[56]. Le créancier nanti peut devenir titulaire de la créance nantie avant l'échéance de la créance garantie et tant que le constituant n'est pas défaillant[57]. Le législateur OHADA prévoit que « si l'échéance de la créance nantie est antérieure à l'échéance de la créance garantie, le créancier nanti conserve les sommes à titre de garantie sur un compte ouvert auprès d'un établissement habilité à les recevoir, à charge pour lui de les restituer au constituant[58] », si l'obligation garantie est exécutée. Ainsi, lorsque l'échéance de la créance nantie est antérieure à celle de la créance garantie, le créancier nanti, à savoir le prêteur, perçoit les sommes et doit les conserver à titre de garantie dans un compte ouvert auprès d'un établissement de crédit. Dans le cadre d'un financement via le crédit bancaire, la banque étant déjà un établissement de crédit, il serait plus logique de conserver cette créance nantie au sein la banque créancière. Toutefois, le législateur OHADA n'a pas imposé un choix.

À l'échéance du crédit bancaire, l'on peut utiliser la créance nantie pour récupérer les fonds prêtés. Le moyen juridique prévu par le législateur OHADA est la levée de la conservation de la créance nantie. Le droit OHADA prévoit que lorsque la créance nantie est disponible avant la fin du contrat de prêt, la créance nantie est conservée dans un établissement financier. En cas de défaillance du débiteur de la créance garantie et huit jours après une mise en

---

[56] M. Bourassin, V. Brémond, *Droit des sûretés*, Paris, LGDJ, 2017, p. 650.

[57] J. Bennephtali, *Le nantissement de créance et les procédures collectives,* Thèse de doctorat en droit, Université Paris Est, 2019, p. 21.

[58] Article 134 alinéa 1 de l'AUS.

demeure restée sans effet, le créancier nanti affecte les fonds au remboursement de sa créance dans la limite des sommes impayées[59].

Le nantissement des créances qui est une cession de créances à titre de garantie diffère de la cession de créances à titre de propriété. Le législateur OHADA n'utilise pas l'expression « *cession des créances à titre de propriété* ». C'est suite à la lecture des dispositions de l'acte uniforme OHADA relatif au droit des sûretés que l'on se rend compte qu'il y a une cession de créances à titre de propriété. Cette cession est abordée sous l'expression globale de « *Propriété cédée à titre de garantie* ». Cette propriété peut être cédée de deux manières : la cession de créances à titre de garantie et le transfert fiduciaire d'une somme d'argent.

L'expression « *cession des créances à titre de garantie* » peut se confondre au nantissement des créances évoquées plus haut. Nous l'avons dit la cession des revenus des actifs de propriété littéraire et artistique futurs à titre de garantie est un nantissement des créances. Si c'est un nantissement de créances, l'on peut se demander à quoi renvoi la cession des créances à titre de garantie. N'est-ce pas la même chose ?

Dans la logique du législateur OHADA, l'expression « *cession des créances à titre de garantie* » est en fait une « *cession en pleine propriété à titre de garantie* ». Pour un juriste de tradition civiliste, l'expression « *cession en pleine propriété à titre de garantie* » est pour le moins surprenante. Elle contient en effet, une antinomie inévitable car une cession en pleine propriété ne peut résulter que d'un contrat principal et une garantie constitue nécessairement l'accessoire d'un contrat principal[60]. Comment peut-on

---

[59] Article 134 de l'AUS.

[60] J. Rheaume, « La cession générale des créances commerciales à titre de garantie comme contrat de fiducie en droit québécois, français et anglais », *Les cahiers de droit* 28(1), 137-138.

retrouver dans une même expression, les mots « *propriété* » et « *garantie* » attachés à la cession ? Pourtant la doctrine estime qu'il s'agit d'une cession en pleine propriété, mais à titre de garantie qui se produit lorsque les parties procèdent au transfert de la propriété du bien de l'emprunteur au prêteur à charge pour ce dernier, de restituer cette propriété ou, en cas de cession d'une créance, de rendre compte de sa valeur, si le prêt est remboursé[61]. En classant la cession de créances à titre de garantie parmi les propriétés cédées à titre de garantie, le législateur OHADA s'aligne dans la logique de la doctrine.

La cession de créances à titre de garantie consiste à céder une créance actuelle ou future en vue d'un paiement d'une dette actuelle ou future. C'est une sûreté qui ne peut être consentie qu'au profit des personnes morales effectuant des opérations de banque ou de crédit. Ce qui exclut le recours à cette sûreté dans le cadre d'un crowdfunding sous forme de prêt ou dans le cadre d'un prêt d'argent sans intérêt. La cession de créances à titre de garantie exclut déjà certaines formes de financement. L'autre sûreté classée parmi les propriétés cédées à titre de garantie, à savoir le transfert fiduciaire d'une somme d'argent ne peut être utilisée.

« Le transfert fiduciaire d'une somme d'argent est la convention par laquelle un constituant cède des fonds en garantie de l'exécution d'une obligation. Ces fonds doivent être inscrits sur un compte bloqué, ouvert au nom du créancier de cette obligation, dans les livres d'un établissement de crédit habilité à les recevoir[62] ». Le transfert fiduciaire d'une somme d'argent ne concerne pas les créances futures. C'est un mécanisme qui n'est prévu

---

[61] P. H. Delvaux, « La mobilisation des créances à titre de garantie, dans travaux des 9 ème journée d'études juridiques Jean Dabin VII, la transmission des obligations », Bruxelles, Établissement Émilie Bruylant, 1980, p. 541-542.

[62] Article 87 de l'AUS.

que pour les créances présentes. Raison pour laquelle, le législateur prévoit que les fonds doivent être inscrits sur un compte bloqué. Les revenus futurs ne peuvent être bloqués. Ils n'existent pas encore.

Si la cession des revenus des actifs de propriété littéraire et artistique futurs est un objectif visé par les intervenants financiers, il en est de même de l'entrée dans le capital des sociétés demanderesses de financement pour la création des actifs de propriété intellectuelle.

Section 2 : l'entrée dans le capital des sociétés demanderesses de financement pour la création des actifs de propriété intellectuelle

Du latin « *mercatus* » qui signifie « *vente, négoce, achat* », le marché est un système économique d'échange[63]. Le concept de marché est défini comme le lieu de rencontre des offres et des demandes des biens ou des titres ; l'endroit où se rencontrent des acheteurs et des vendeurs, les produits s'échangeant contre de l'argent. C'est de là que se fixe si les conditions de libre concurrence sont respectées, le prix d'équilibre des produits[64].

En économie, les différents types de marché sont le monopole, l'oligopole, la concurrence monopolistique et la concurrence déloyale[65]. On parle de monopole quand, sur un marché libre, il n'y a qu'un seul vendeur pour de nombreux acheteurs, car il n'existe pas de produits de substitution[66]. Un oligopole est un type de marché dans

[63] A. D. Merville, *Droit financier*, Gualino, 2011, p. 23.

[64] O. Garnier, J. Y. Capul, *Dictionnaire d'économie et des sciences sociales*, Paris, Hatier, 1996, p. 275.

[65] H. D. Amboulou, *Code monétaire OHADA*, Paris, L'Harmattan, 2020, p. 17.

[66] Le produit vendu par le monopoleur est le seul. Dans un marché de type monopole, on distingue le monopole dans le marché privé et le monopole dans le marché public. Il s'agit de deux problématiques tout

lequel se trouvent très peu de vendeurs en comparaison au grand nombre d'acheteurs[67]. En principe, vu que le produit est le même, tous les vendeurs devraient mettre le même prix. Cependant, bien qu'il y ait plus d'un vendeur, le nombre de ceux-ci n'est pas assez grand pour rendre négligeable l'action isolée de l'un d'eux sur le marché[68]. La concurrence monopolistique, quant à elle, est une situation de marché où plusieurs vendeurs proposent des produits qui ne sont pas tout à fait pareils, mais très similaires. Les produits ne sont donc pas parfaitement substituables les uns aux autres[69] Par conséquent, chaque vendeur peut imposer son prix, mais en tenant compte des autres car les produits sont semblables. La seule différence avec la concurrence pure et parfaite est donc l'absence d'homogénéité des produits. On parle de concurrence parfaite quand le marché est libre, le produit homogène et qu'il y a un nombre important de vendeurs, mais aussi d'acheteurs.

En marketing, les différents types de marché sont le marché principal et le marché complémentaire. Le marché principal est le marché du produit et de ses semblables[70]. Le marché complémentaire est un marché des produits liés aux produits commercialisés selon les caractéristiques techniques et comportementales.

En observant les différents échanges sur le marché, on peut distinguer trois types de marchés : le marché des biens et services, le marché du travail et le marché des capitaux.

à fait différentes, car les premiers résultent bien souvent du dépôt d'un brevet alors que les deuxièmes apparaissent, en principe, pour la sauvegarde d'un intérêt d'ordre général.

[67] P. Picard, *Éléments de microéconomie : théorie et application*, Montchrestien, 1990, p. 419.

[68] R. Goffin, *Analyse microéconomique*, Paris, Dalloz, 1975, p. 175.

[69] M. Moutousse, I. Waquet, *Microéconomie*, Rosny-sous-Bois, Bréal, 2008, p. 196.

[70] N. Pradex, *Lexique du marketing*, Rosny-sous-Bois, Bréal, 2008, p. 105.

Un marché est essentiellement une rencontre entre deux ou plusieurs agents économiques, leur permettant de confronter leurs intentions ; les uns cherchent à acquérir certains biens ou services, ce sont les acheteurs ou demandeurs, les autres viennent fournir ce dont ils disposent ou ce qu'ils ont produit, ce sont les vendeurs ou les offreurs[71]. Les marchés de biens et services comprennent tous les produits et/ou services que le consommateur considère comme interchangeable ou substituable en raison de leurs caractéristiques, de leur prix et de leur usage auxquels ils sont destinés[72]. Dans ce marché, s'y échangent les biens et services marchands. Tous les biens sont considérés comme marchands. Les services marchands sont les services pouvant faire l'objet de vente et d'achat sur le marché et qui sont produits par une unité marchande[73]. Le marché du travail est le lieu de confrontation entre offre de travail et demande d'emploi. Le marché des capitaux permet la rencontre entre les agents économiques ayant un excédent de capitaux et les agents ayant des besoins de financement[74]. Il est généralement divisé en deux compartiments : un marché des capitaux à court terme appelé marché monétaire et un marché des capitaux à long terme appelé marché financier.

Le marché monétaire est un marché des capitaux à court terme[75]. Sur ce marché il y a des transactions en espèces et avec l'argent des comptes courants. Cela comprend les transactions commerciales courantes, les bons du trésor, les

[71] Katio Kale Lutina, *Économie politique*, Kinshasa, Éditions Bémul, 2012, p. 46.

[72] A. Turinetti, A. Penneau, *La normalisation : étude en droit économique*, Saint-Denis, Connaissances et savoirs, 2018, p. 241.

[73] INSEE, *Rapport sur les comptes de la nation*, Imprimerie nationale, 1988, p. 344.

[74] P. Simon, *Économie – Droit : BTS, 1 ère année*, Rosny-sous-Bois, Bréal 2004, p. 63.

[75] H. Viaux, *Le marché monétaire de Paris*, Paris, PUF, 1971, p. 21.

certificats de dépôt. Les acteurs du marché monétaire sont les banques commerciales, les banques centrales, le trésor public, les compagnies d'assurance, etc. Les marchés financiers sont les marchés sur lesquels se rencontrent les demandes et les offres de capitaux à long terme. Ils se divisent en deux compartiments : le marché financier primaire et le marché financier secondaire. Le marché financier primaire repose sur l'émission nouvelle d'actions et d'obligations alors que le marché financier secondaire est le marché où s'échangent les titres déjà émis. Le marché primaire et marché secondaire sont indispensables car l'épargnant qui investit en acquérant de nouveaux titres doit avoir la possibilité de s'en défaire à des conditions satisfaisantes. De même, les cours des nouvelles émissions ne peuvent guère s'écarter du niveau des cours du marché secondaire. Une bonne tenue quotidienne de la bourse (marché secondaire) crée un environnement favorable pour la collecte de l'épargne[76].

Les pays membres de l'espace OAPI sont organisés autour de deux grandes bourses : la bourse régionale des valeurs mobilières (BRVM) et la bourse des valeurs mobilières d'Afrique Centrale (BVMAC) [77].

Les bourses sont des marchés secondaires sur lesquels un certain nombre de titres sont côtés et échangés. Une société n'encaisse des fonds que lorsqu'elle émet des titres lors de leur création sur le marché primaire[78]. Travaillant sur le financement de la création des actifs de propriété intellectuelle, le marché secondaire ne nous intéresse pas,

---

[76] M. Dieng, « La bourse régionale des valeurs mobilières, instrument majeur de l'économie ouest africaine », dans *The conversation*, 27 Février 2020.

[77] Lire Jeune Afrique, « Bourse : Henri Claude Oyima, un financier gabonais à la tête de la BVMAC », *Jeune Afrique Magazine*, 12 juillet 2019.

[78] F. S. Mishkin, *Monnaie, banque et marchés financiers*, Montreuil, Pearson Éducation, 2010, p. 34.

uniquement le marché primaire. S'il faille aller dans le marché secondaire, l'actif de propriété intellectuelle existe déjà. Il a été créé et adapté en titre financier qui sera négocié en bourse. Le marché primaire est le lieu où les émetteurs d'actifs financiers proposent leurs titres à des investisseurs en échange de capitaux. Il s'agit par exemple de l'introduction en Bourse d'une nouvelle société ou bien de l'augmentation de capital d'une société existante ou encore d'une émission d'obligations d'État qui permettent à celui-ci de se financer. L'augmentation de capital d'une société existante est ce qui nous intéresse. Les règles de jeu des rencontres entre demandeurs et offreurs sur les marchés est celle de l'échange. Chaque agent n'obtient ce qu'il achète que moyennant une contrepartie acceptée par celui qui le fournit et tout vendeur obtient pour ce qu'il apporte ce que veulent bien lui payer les acheteurs[79]. Le financement est l'opération qui consiste pour un agent économique de se procurer une somme d'argent pour la création ou le fonctionnement de quelque chose. Dans cette opération pour se procurer une somme d'argent, il peut augmenter son capital. La personne apportant les capitaux entrera dans le capital de la société demanderesse de financement. L'entrée des intervenants financiers dans le capital des sociétés demanderesses de financement pour la création des actifs de propriété intellectuelle est une technique favorisant le financement par les intervenants financiers.

Le législateur OHADA énumère les différentes formes de sociétés commerciales, sociétés dans lesquelles il est possible d'entrer dans le capital par un investissement. Dans la mesure où il est question d'une entrée dans le capital par les investisseurs, les sociétés unipersonnelles ne seront pas évoquées, uniquement les sociétés

---

[79] J. P. Nyembo Tampakanya, *L'organisation des marchés financiers en République Démocratique du Congo : pour l'installation d'une bourse des valeurs mobilières,* Paris, L'Harmattan, 2017, p. 24.

pluripersonnelles encadrées par le droit OHADA. Le droit OHADA prévoit six formes de sociétés commerciales : la société en nom collectif, la société en commandite simple, la société à responsabilité limitée, la société anonyme, la société en participation et la société par actions simplifiées.

Les deux premières n'imposent pas de capital minimum et ne protègent pas le patrimoine des associés qui sont responsables indéfiniment et solidairement des dettes sociales sur leurs biens personnels. « La société en nom collectif est celle dans laquelle tous les associés sont commerçants et répondent indéfiniment et solidairement des dettes sociales »[80]. « La société en commandite simple est celle dans laquelle coexistent un ou plusieurs associés indéfiniment et solidairement responsables des dettes sociales dénommées *« associés commandités »* avec un ou plusieurs associés responsables des dettes sociales dans la limite de leurs apports dénommés *« associés commanditaires »* ou « associés en commandite » et dont le capital est divisé en parts sociales »[81].

Les deux autres sont les sociétés les plus utilisées. « La société à responsabilité limitée (SARL) est une société dans laquelle les associés ne sont responsables des dettes sociales qu'à concurrence de leurs apports et dont les droits sont représentés par des parts sociales[82] ». Sauf dispositions nationales contraires, le capital social doit être d'un million (1 000 000) de francs CFA au moins pour le législateur OHADA[83]. Au Cameroun, le capital social minimum est de cent mille francs CFA (100 000) pour les SARL et est divisé en parts sociales égales dont la valeur nominale ne

---

[80] Article 270 de l'AUSGIE (Acte uniforme OHADA relatif aux sociétés commerciales et des groupements d'intérêt économique).

[81] Article 293 de l'AUSCGIE.

[82] Article 309 de l'AUSCGIE.

[83] Article 311 de l'AUSCGIE.

peut être inférieure à cinq mille (5 000) francs CFA[84]. La société anonyme est une société dans laquelle les actionnaires ne sont responsables des dettes sociales qu'à concurrence de leurs apports et dont les droits des actionnaires sont représentés par des actions[85]. Le capital social minimum est fixé à dix millions (10 000 000) de francs CFA. Il est divisé en actions dont le montant nominal est librement fixé par les statuts. Le montant nominal est exprimé en nombre entier[86].

Les deux dernières sociétés sont caractérisées par leur liberté et leur absence de capital minimum. La société en participation est une forme de société qui est libre et ne pose pas de formalisme particulier pour sa formation[87]. « Chaque associé contracte en son nom et est seul engagé à l'égard des tiers. Toutefois, si les associés agissent expressément en leur qualité d'associé auprès des tiers, chacun de ceux qui ont agi est tenu par les engagements des autres. Les obligations souscrites dans ces conditions les engagent indéfiniment et solidairement[88] ». Quant à la société par actions simplifiées, elle « est une société créée par un ou plusieurs associés et qui se caractérise par la liberté quant à son organisation et son fonctionnement sous réserve des règles impératives telles que l'obligation d'avoir un Président[89] ». Comme dans les sociétés anonymes, les titulaires d'actions sont appelés des associés et ils ne sont responsables des dettes sociales qu'à concurrence de leur apport. Cette société par actions laisse une grande place à la liberté contractuelle et répond parfaitement aux

---

[84] Article 2 de la loi camerounaise N° 2016/014 du 14 décembre 2016 fixant le capital social minimum et les modalités de recours aux services du notaire dans le cadre de la création d'une SARL.

[85] Article 385 de l'AUSCGIE.

[86] Article 387 de l'AUSCGIE.

[87] Article 854 de l'AUSCGIE.

[88] Article 861de l'AUSCGIE.

[89] Article 854-1de l'AUSCGIE.

investisseurs qui cherchent de plus en plus d'instruments ou de véhicules souples et sécurisés.

Communément, un investisseur se positionne à long terme plutôt qu'à court terme. Il peut investir sans distinction sur le marché primaire des titres nouvellement émis ou sur le marché secondaire (titres déjà émis) dans des titres de sociétés cotées ou non cotées. Son investissement sur le marché primaire lui permet d'entrer dans le capital des entreprises. Lorsque l'investisseur est une personne physique, il est un investisseur individuel (Paragraphe 1). Lorsqu'il est une personne morale, il est un investisseur professionnel (Paragraphe 2).

Paragraphe 1 : L'entrée des investisseurs individuels dans le capital des sociétés

Les investisseurs individuels sont des particuliers qui mettent les capitaux dans une entreprise en échange d'une entrée dans le capital de celle-ci. Ces particuliers peuvent être des *business angels* (A) ou des investisseurs individuels qui entrent dans le capital des entreprises par le *crowdequity* (B).

A- Les *business angels*

L'anglicisme « *business angel* » qui signifie littéralement « *ange d'affaires* » désigne une personne physique qui investit une partie de son patrimoine personnel dans une entreprise en phase de démarrage[90]. Il investit à titre individuel au capital d'une entreprise innovante à un stade précoce de création ou en début d'activité, période la plus risquée de l'investissement et met à disposition ses

[90] Économies et sociétés, *Développement territorial et attraction des projets innovation : de l'analyse à l'action*, Institut de sciences mathématiques thématiques et économies appliquées, 2007, Vol. 41, p. 872.

compétences, son expérience, ses réseaux relationnels et une partie de son temps pour accompagner. Son apport lui permet d'entrer dans le capital des sociétés.

D'après l'ancien acte uniforme OHADA relatif au droit des sociétés commerciales et du groupement d'intérêt économique de 1997, la société commerciale était « créée par deux ou plusieurs personnes qui conviennent, par un contrat, d'affecter à une activité des biens en numéraire ou en nature, dans le but de partager le bénéfice ou de profiter de l'économie qui pourra en résulter[91] ». La définition émise par le législateur OHADA de 1997 ne prenait pas en compte, l'apport en industrie. Raison pour laquelle, lors de sa révision, le nouvel acte uniforme OHADA relatif au droit des sociétés commerciales et du groupement d'intérêt économique revoit la définition des sociétés commerciales. Il est dit que « la société commerciale est créée par deux (2) ou plusieurs personnes qui conviennent, par un contrat, d'affecter à une activité des biens en numéraire ou en nature, ou de l'industrie, dans le but de partager le bénéfice ou de profiter de l'économie qui peut en résulter[92] ». De cette nouvelle définition, il ressort qu'il existe deux formes d'apport : l'apport en biens (apport en numéraire et en nature) et l'apport en industrie.

L'apport en numéraire est l'apport le plus connu et le plus demandé. Il s'agit de l'apport en argent. L'apport en nature est une forme d'apport utilisé par les *business angels* sous certains angles. Le législateur autorise à apporter les droits portant sur des biens en nature, mobiliers ou immobiliers, corporels ou incorporels. Les relations peuvent être considérées comme la clientèle. La clientèle est un bien meuble incorporel. À ce titre, elle peut être apportée dans le capital d'une société. Il est vrai qu'il n'est pas dit de façon claire que les *business angels* peuvent

---

[91] Article 4 de l'ancien AUSCGIE de 1997.

[92] Article 4 de l'AUSCGIE.

apporter les autres types de meubles ou d'immeubles dans le capital des sociétés, mais rien n'empêche.

Les statuts contiennent généralement l'évaluation en nature. Cependant, dans certains cas, le législateur OHADA prévoit une évaluation par des commissaires aux apports. Ainsi l'évaluation des apports en nature dans les sociétés à responsabilité limitée est faite par un commissaire aux apports dès lors que la valeur de l'apport ou de l'avantage considéré, ou que la valeur de l'ensemble des apports ou avantages considérés est supérieure à cinq millions (5 000 000) de francs CFA[93].

Les *business angels* peuvent faire un apport en bien, soit apportant de l'argent, soit en apportant des biens meubles ou immeubles. Ils peuvent faire aussi un apport en industrie. Le mot industrie est dérivé du mot latin « *industria* » qui signifie « *travail humain* ». L'apport en industrie consiste donc à travailler pour la société. En ce sens, l'apport en industrie se rapproche du contrat de travail, mais est distinct de lui car il n'existe pas un lien de subordination et l'associé travailleur ne reçoit pas un salaire en contrepartie, mais des titres sociaux.

Dans l'ancien acte uniforme OHADA relatif aux sociétés commerciales, était écrit que chaque associé pouvait apporter à la société « *de l'industrie, par apport de main-d'œuvre*[94] ». En d'autres termes, l'apport en industrie était limité à la main-d'œuvre. Le nouvel acte uniforme a élargi cette notion. « Chaque associé peut apporter à la société (...) des connaissances techniques ou professionnelles ou des services, par apport en industrie[95] ». Cependant, il faut préciser que les apports en industrie sont interdits dans les sociétés anonymes[96] et qu'ils « ne

[93] Article 312 de l'AUSCGIE.
[94] Article 40 de l'AUSCGIE de 1997.
[95] Article 40 de l'AUSCGIE.
[96] Article 50-1 de l'AUSCGIE.

concourent pas à la formation du capital social, mais donnent lieu à l'attribution de titres sociaux ouvrant droit au vote et au partage des bénéfices et de l'actif net, à charge de contribuer aux pertes, sachant que ce droit de vote et ce partage des bénéfices ne peuvent excéder 25 %[97] ». Par l'apport en industrie, l'associé n'entre pas dans le capital de la société, mais obtient un droit de vote et un droit au partage des bénéfices ne pouvant excéder 25 %. « Les statuts décrivent l'apport en industrie et déterminent les modalités de sa libération y compris la durée des prestations qui sont fournies par l'apporteur, le nombre de titres sociaux attribués en rémunération de ces prestations et les droits attachés à ces titres dans le partage des bénéfices et de l'actif net[98] ».

Disposant d'une réelle expérience, le *business angel* aide et donne des conseils judicieux pour le développement de l'entreprise. Il peut le faire en apportant un savoir-faire ou un secret d'affaires.

Le savoir-faire ou know-how est l'ensemble non divulgué des informations techniques brevetables ou non, qui sont nécessaires à la reproduction industrielle d'emblée et dans les mêmes conditions d'un produit ou d'un procédé, procédant de l'expérience[99]. Les secrets d'affaires sont des connaissances techniques et professionnelles. À ce titre, ils peuvent être apportés par les *business angels* dans une société à charge pour la société de les évaluer conformément aux statuts.

Les anges d'affaires, comme il est dit en français, peuvent apporter le financement nécessaire pour la création des actifs de propriété intellectuelle. Ils sont des investisseurs individuels. Cependant tous les investisseurs

---

97 Article 50-3 de l'AUSCGIE.

98 Article 50-2 alinéa 2 de l'AUSCGIE.

99 OECD, *Modèle de convention fiscale concernant le revenu et la fortune, 2014*, Paris, OECD, 2016, p.40.

individuels ne sont pas des *business angels*. Un investisseur individuel peut être un commerçant ou un non-commerçant. Il peut être une personne qui n'a rien à voir avec le domaine d'activité de l'entreprise, une personne qui veut juste investir et entrer dans le capital des sociétés à fort potentiel. Dans cette optique, l'investisseur individuel passera par le *crowdequity*.

B- Le *crowdequity*

Encore appelé « *equity crowdfunding* », le *crowdequity* permet aux petites entreprises de lever des fonds grâce à des plateformes de financement participatif et donc sans passer par le circuit de financement bancaire traditionnel. Par le *crowdequity*, les petites entreprises ont l'occasion de diversifier leurs sources de financement en passant par des plateformes de financement participatif qui sont souvent plus accessibles que l'investissement privé ou bancaire. Raison pour laquelle, le *crowdequity* finance le plus souvent des start-up qui cherchent des fonds d'amorçages et qui ne souhaitent pas ou ne parviennent pas à lever du capital auprès des banques ou des *business angels*.

Par souci de protéger les acteurs du crowdfunding, l'ordonnance du 30 mai 2014 a instauré en France un cadre professionnel tant pour le financement participatif sous forme de titres financiers que pour le financement participatif sous forme de prêts ou de dons. Pour le législateur français, le *crowdequity*, qui est le financement participatif sous forme de titres financiers, est une opération compliquée par laquelle l'intervention d'un professionnel spécialisé est impérative. Outre la possibilité accordée au prestataire de services d'investissement d'accomplir une telle opération, l'ordonnance a créé un nouveau statut spécifique au *crowdinvesting*[100], le conseiller en

[100] Le crowdinvesting est plus large que le crowdequity. Le crowdinvesting autorise l'apport de ressources financières à une entreprise sous forme de fonds propres ou de dettes et concerne toutes

investissement participatif[101]. Il est une personne morale exerçant à titre de profession habituelle une activité de conseil en investissement portant sur des offres de titres de capital et de titres de créances. Cette activité est menée par le biais d'un site internet remplissant les caractéristiques fixées par le règlement général de l'autorité des marchés financiers[102].

Dans l'espace OAPI, comme nous l'avons dit plus haut, il n'existe pas de cadre légal de *crowdfunding*. Cela ne veut cependant pas dire que le *crowdequity* qui est une branche du crowdfunding n'est pas autorisé dans cet espace. Il est possible de recourir à cette technique pour le financement de la création des actifs de propriété intellectuelle. Le projet Smart Fan Technology sur Tagus Investment est un exemple.

Le projet Smart Fan Technology est un projet de création d'entreprise et par la même occasion de création d'actif de propriété intellectuelle ; projet à la recherche d'un financement via Tagus Investment qui est une plateforme de financement participatif à préférence crowdequity basée au Cameroun, à Yaoundé.

Afin de comprendre au mieux le crowdequity au Cameroun via Tagus Investment, nous sommes entrés dans le capital de Smart Fan Technology dont la levée des capitaux est organisée par cette plateforme. L'achat des actions s'est fait au travers de cette plateforme, ce qui nous a permis d'avoir l'œil de l'investisseur et de voir les possibles lacunes qui puissent exister.

---

les émissions de titre. Le crowdequity est centré sur les opérations d'augmentation de capital par souscription d'actions ordinaires, d'actions de préférence ou de titres participatifs.

[101] M. Chaben, Op. Cit, p. 33. *Le financement participatif (Crowdfunding)*, Saint-Denis, Connaissances et savoirs, 2016, p. 33.

[102] Article L 547-1 du Code Monétaire et Financier de France.

L'entrée en relation d'une banque avec son client est organisée autour d'une fiche qu'on appelle la fiche KYC[103]. Cette fiche est un document d'identification. Il permet d'avoir toutes les informations sur le client : les noms et prénoms, la date et lieu de naissance, la situation matrimoniale, professionnelle ou académique, numéro de pièce d'identité, adresse postale, un plan de localisation du domicile[104], etc. Ces informations sont nécessaires pour l'identification du client. Cependant, en investissant sur la plateforme Tagus Investment, les informations demandées sont minimes ; aucune fiche qui ressemble à une fiche KYC.

La plateforme organise l'investissement au travers de trois canaux : le paiement par carte bancaire, par portefeuille mobile ou par voie directe. Par voie directe, la plateforme dispose des représentants dans certains pays d'Afrique qui sont autorisés à recevoir le paiement. Les informations nécessaires à l'identification de l'investisseur sont faciles à recueillir lorsque l'on investit par voie directe ou par carte bancaire. La difficulté réside dans le paiement par portefeuille mobile, mode de paiement que nous avons utilisé. Par ce mode de paiement, la plateforme demande juste de renseigner les cases relatives aux noms et prénoms. Si le détenteur du portefeuille mobile est l'investisseur, il n'y a pas de problème. Même si l'identification est sommaire sur la plateforme, tout détenteur d'un portefeuille mobile est identifié auprès de l'opérateur de téléphonie. La

---

103 Know your customer (Connaître ton client).

104 S'agissant du plan de localisation, au Cameroun, à la différence de la France, les lieux d'habitation ne sont pas dotés d'une adresse permettant à toute personne de se rendre au lieu concerné. L'adresse du domicile est en fait une indication schématique. A titre d'exemple, la personne qui voudra indiquer son domicile dira « Sur la rue entre le carrefour Anguissa et le Carrefour Akono, la deuxième entrée à ta droite partant du carrefour Anguissa, le troisième portail noir à ta gauche ». Cette indication sera évidemment suivie d'un dessin.

difficulté réside dans le fait que l'on peut payer passant par un portefeuille mobile n'appartenant pas à l'investisseur. Pour être plus claire, le nom mentionné comme investisseur peut être différent du nom de la personne détenant le portefeuille mobile. Nous avons expérimenté cette possibilité. L'achat de nos parts s'est fait de cette manière. Cette situation est un peu embarrassante. Considérant le possible problème sur la titularité, la plateforme considère le nom avec lequel l'investisseur s'est enregistré. Elle envoie la facture de paiement à l'adresse mail enregistré. Mais dans ce cas de figure, il existe très peu d'informations concernant l'investisseur. En plus, peut se poser le problème de la capacité qui est une condition de formation du contrat. Il est possible d'ouvrir des comptes bancaires pour mineurs. Cependant, ces comptes sont sous l'administration des parents ou tuteurs, qui sont identifiés par la banque. Une copie d'acte de naissance identifie le mineur.

Sur Tagus Investment, aucune pièce d'identité pour soutenir une opération d'une telle envergure. À notre avis, il est un peu léger de se reposer sur l'identification faite par les autres plateformes de téléphonie mobile pour identifier l'investisseur. Nous n'avons pas été identifiés du début du processus, c'est-à-dire dès l'ouverture du compte, jusqu'à la procédure d'investissement, c'est-à-dire l'achat des parts. À titre de comparaison, la plateforme Degiro qui est une plateforme boursière basée au Luxembourg a une identification parfaite. À l'ouverture du compte sur la plateforme Degiro[105], avant même tout investissement, il est demandé au client de se munir d'un smartphone pour télécharger l'application et scanner Passeport, Carte d'identité, IBAN.

Bien que le système soit embryonnaire, Tagus Investment est une plateforme de *crowdequity* qui permet

---

[105] https://www.degiro.fr/ouvrir-un-compte.

le financement des projets africains. L'un d'eux permet la création d'un actif de propriété intellectuelle au travers de l'augmentation du capital d'une SARL. Il s'agit du projet Smart Fan Technology.

Le projet Smart Fan Technology est un projet d'un futur ingénieur camerounais en robotique de l'école polytechnique de Douala, du nom de Steve Ellah. Vainqueur de « *Entrepreneur Challenge Festival FOMARIC* », finaliste de la « *Youth Entrepreneurship Innovation Challenge* », ce futur ingénieur est actuellement en compétition pour les « *Awards des jeunes innovateurs africains dans le domaine de la santé* », programme organisé par l'IFPMA et SpeakUpAfrica, en partenariat avec l'OAPI.

La solution apportée par ce jeune talent est d'une part la mise en place d'une usine numérique 4.0 basée sur la plasturgie avec des sites de production intelligents et d'autre part la conception et la fabrication des systèmes de ventilation (ventilateurs, climatiseurs, plafonniers) intelligents antipaludéens fonctionnant à l'énergie solaire.

Smart Fan Technology SARL s'est donné pour premier objectif de lever 200 millions de Francs CFA, pour sa réalisation. L'investissement minimal (pour l'achat d'une action) initial est de 500 FCFA, soit 0,77 €. Cette valeur évoluera avec le temps. En effet, la durée de la levée de fonds est de 15 mois, partant du 01er avril 2021 au 30 juin 2022. Cette durée sera segmentée en 9 phases dans lesquelles le prix de l'action se verra augmenter avec le temps. Elle débutera à 500 FCFA l'action à la première phase et celle si grimpera jusqu'à 10 000 XAF à terme. Le coût d'achat des actions lors de la levée de fonds change entre les phases sans toutefois signifier que leur valeur détenue par un actionnaire a augmenté. Cette stratégie de phases a pour but de récompenser les premiers investisseurs qui auront pris le risque d'investir.

L'entrée des intervenants financiers dans le capital des sociétés est une technique favorisant le financement de la création des actifs de propriété intellectuelle. Ces intervenants financiers apportant les capitaux peuvent être des personnes physiques ou des personnes morales. Lorsqu'il s'agit des personnes physiques, ces investissements individuels peuvent être des *business angels* ou apporter leur financement via le *crowdequity*. Lorsque ce sont des personnes morales qui participent au financement, on parle d'investisseurs professionnels.

Paragraphe 2 : L'entrée des investisseurs professionnels dans le capital des sociétés

Généralement opposé à l'investisseur individuel, l'investisseur professionnel est un investisseur qui possède de l'expérience, des connaissances et de la compétence nécessaires pour prendre ses propres décisions d'investissement et évaluer correctement les risques encourus. Il est un investisseur important autre qu'un institutionnel, mais dont l'activité principale consiste à investir en instruments financiers. C'est le cas des holdings qui prennent des participations dans les entreprises, des banques d'affaires, des sociétés de gestion de portefeuille et de conseil en investissement[106].

Les investisseurs institutionnels sont des investisseurs professionnels. La particularité des investisseurs institutionnels réside dans le fait qu'ils ne disposent pas directement des capitaux qu'ils investissent. Ils agissent pour le compte des ayants droit souscrivant à leurs contrats. Raison pour laquelle, la gestion des actifs est particulièrement réglementée, elle est institutionnalisée.

---

[106] J. Antoine, M. C. Capiau Huart, *Dictionnaire des marchés financiers : plus de 2000 termes et expressions expliqués et traduits en 5 langues : anglais, allemand, espagnol, italien, néerlandais,* Louvain-la-Neuve, De Boeck, 2015, p. 318.

Ceux-ci se distinguent donc des entreprises (financières ou non financières) qui peuvent détenir pour leur propre compte différents types d'actifs financiers à titre d'investissement ou de placement.

Les entreprises financières sont des investisseurs professionnels. Elles peuvent être des investisseurs institutionnels si elles font de la collecte des fonds et investissent les actifs qui ne leur appartiennent pas. Les entreprises non financières, quant à elles, sont des investisseurs non professionnels. Elles peuvent entrer dans le capital des entreprises en détenant des actifs financiers à titre d'investissement ou de placement, mais ne proposent pas des services financiers à titre de profession habituelle. Dans la mesure où ces entreprises n'ont pour mission principale d'investir dans le capital des entreprises, nous nous limiterons aux entreprises qui font du capital investissement.

Le *private equity* ou capital investissement est une source alternative de financement à la disposition de l'entreprise confrontée aux contraintes et limites posées par les sources traditionnelles de financement tels les fonds propres, le financement bancaire et l'appel public à l'épargne. Plusieurs formes de *private equity* (A) permettent aux investisseurs professionnels d'entrer dans le capital des sociétés. Une, en particulier, est plus utilisée pour le financement de la création des actifs de propriété intellectuelle. Il s'agit du *venture capital* (B).

A- Le *private equity*

Le *private equity* est « une activité financière qui consiste pour un investisseur professionnel à entrer pour une durée déterminée dans le capital d'entreprises non cotées sur le marché boursier ayant besoin de fonds propres[107] ». En plus de procurer les moyens financiers à l'entreprise, il apporte aussi des compétences et expertises complémentaires à l'instar des modes de gestion de gouvernance modernes et efficaces. En ce sens, il est un excellent levier d'amélioration et de transfert de savoir-faire[108].

Le capital investissement permet à la société qui accepte de vendre une partie de ses droits de propriété à un investisseur de se financer à différents moments de sa vie : au moment de sa création, de son développement, de son rachat ou en cas de difficultés. Au moment de sa création, on parle de capital innovation. Au moment de son développement, il s'agit du capital développement. Dans le cadre d'un rachat, il est question du capital transmission. En cas de difficultés, on parlera de capital retournement.

Dans le cadre de notre étude, à savoir l'entrée des investisseurs professionnels dans le capital des sociétés, il serait difficile de se retrouver dans le cadre d'un capital transmission. En effet, cet investissement consiste à acheter la majorité des titres sociaux de l'entreprise. Dans notre cas de figure, l'entreprise est à la recherche des capitaux pour la création des actifs de propriété intellectuelle. Son objectif est tout sauf de perdre le contrôle de sa structure. Ainsi, on se retrouvera plus dans le capital innovation, le capital développement ou le capital retournement. Le capital innovation et le capital développement constituent le capital risque ou *venture capital*. Cette forme d'investissement est la plus usitée pour le financement de la création des actifs de propriété intellectuelle.

---

[107] CNUCED, AMIC, FIDAROC, *Capital investissement au Maroc : Guide pratique pour les entrepreneurs*, Grant Thornton, 2012, p. 15.
[108] Idem.

B- Le *venture capital*

Autrefois, le capital investissement était désigné sous l'appellation de capital risque[109]. Raison pour laquelle, le *venture capital* (en français le capital-risque) est souvent confondu avec le *private equity* (le capital-investissement). Il s'agit des formes d'investissement dans des entreprises non cotées avec le même objectif de revente pour réaliser une plus-value. Le capital risque est la branche du capital investissement consistant à prendre des participations dans des sociétés non cotées n'ayant pas encore trouvé leur point d'équilibre. S'ils sont semblables sur bien des points, le venture capital et le *private equity* diffèrent. Les entreprises de capital investissement et celles de capital risque achètent différents types et tailles d'entreprises, investissent différentes sommes d'argent et revendiquent différents pourcentages de capitaux propres dans les entreprises dans lesquelles ils investissent.

Le capital investissement est un capital « investi dans une entreprise ou une autre entité qui n'est ni cotée, ni négociée en bourse. Tandis que le capital risque est un financement accordé à des startups ou à d'autres jeunes entreprises qui présentent un potentiel de croissance à long terme[110] ». Ainsi, « les sociétés de capital investissement investissent dans des sociétés matures quand les sociétés de capital risquent investissent dans des nouvelles ou jeunes entreprises. En plus, les sociétés de capital investissement peuvent acheter des sociétés de n'importe quel secteur tandis que les sociétés de capital-risque sont limitées aux

---

[109] Conseil national de crédit et du titre, Rapport annuel, CNCT, 1998, p. 438.

[110] https://thepressfree.com/capital-investissement-vs-capital-risque-comprendre-la-difference/

startups dans les domaines de la technologie, de la biotechnologie, et des technologies propres[111] ».

La différence entre ces deux techniques de financement peut se résumer autour de cette expression « *bien choisir contre bien acheter* ». Bien choisir renvoie au *venture capital* et bien acheter, au *private equity*. Le *private equity* réalise son rendement en revendant bien ce qu'il a acquis à un bon prix. En revanche, un *venture capital* génère avant tout du rendement en ayant sélectionné, et accompagné les bons entrepreneurs. Dans le cadre d'un financement pour la création des actifs de propriété intellectuelle, on se retrouvera dans la plupart des cas dans le *venture capital*, vu que ce financement est réservé à l'innovation[112]. Toutefois, rien n'empêche que le financement de la création passe par le *private equity*, surtout lorsque l'on est en présence d'actifs de propriété intellectuelle non technologiques.

Les actifs de propriété littéraire et artistique présentés à la précédente section peuvent faire l'objet d'un financement pour leur création dans le cadre d'une entrée dans le capital à condition que ces actifs soient créés par des sociétés de production musicale, audiovisuelle, des théâtres, des comédies musicales, etc. Quant aux actifs de propriété industrielle, les créations techniques (inventions, modèles d'utilité, obtentions végétales, topographies des circuits intégrés) et ornementales (dessins et modèles industriels) peuvent faire l'objet d'un financement pour leur création dans le cadre d'une entrée dans le capital des sociétés. Par contre, les signes distinctifs sont exclus de cette forme de financement.

---

[111] A. Schertler, *Dynamic efficiency and path dependencies in Venture capital market*, New York, Springer, 2013, p. 34.

[112] J. Gilligan, M. Wright, *Private equity demystified: an exploratory guide*, Oxford, Oxford University Press, 2020, p. 2.

Si pour certains auteurs[113], ne peut être véritablement considéré comme signe distinctif et protégé au titre de la propriété industrielle que la marque, le législateur OAPI n'a pas fait ce choix. L'Accord de Bangui a expressément consacré les noms commerciaux et les indications géographiques, comme signes distinctifs, leur donnant ainsi une assise légale. L'on ne peut financer la création d'une marque ou d'un nom commercial, peu importe par quel mode. Par contre, les indications géographiques peuvent faire l'objet d'un financement pour leur création. Cependant, ce financement n'est pas sous la forme d'une entrée en capital, mais sous la forme d'une subvention. L'OAPI l'organise autour du projet PAMPIG[114].

En apportant les capitaux, les intervenants financiers ont des objectifs visés : la cession des revenus futurs ou l'entrée en capital. Les initiateurs de la création ont un objectif totalement différent qu'ils poursuivent.

[113] J. Passa, *Droit de la propriété industrielle, marques et autres signes distinctifs, dessins et modèles*, Tome 1, Paris, LGDJ, 2009, p.2 ; J. Schmidt-Szalewski, J.L. Pierre, *Droit de la propriété industrielle*, Paris, Lexis Nexis, 2007, p. 1.

[114] Projet d'appui à la mise en place des indications géographiques.

Chapitre 2
L'objectif visé par les initiateurs de la création

Le droit prévoit des règles qui encouragent des personnes à apporter les capitaux pour la création des actifs de propriété intellectuelle. En contrepartie, celles-ci deviennent propriétaires de l'actif de propriété intellectuelle créé. La propriété est l'intérêt recherché par les initiateurs de la création. Au plan juridique, la propriété est « le droit de jouir et disposer des choses de la manière la plus absolue[115] ». Si la propriété (Section 1) est réservée selon le droit à ces initiateurs de la création, il est important pour ces financiers de tenir compte des risques (Section 2) dans l'attente d'un retour sur investissement.

Section 1 : La propriété sur les actifs de propriété intellectuelle créés

Les personnes physiques ou morales qui apportent les capitaux en s'impliquant, en participant à la création des actifs de propriété intellectuelle, le font en sachant que les règles de droit existantes leur accordent la propriété sur les actifs de propriété intellectuelle créés. Ces règles (Paragraphe 1) découlent des contrats de commande et de travail (Paragraphe 2).

---

[115] Article 544 du Code Civil de 1804.

Paragraphe 1 : Les contrats de commande et de travail

Les initiateurs de la création apportant les capitaux pour la création des actifs de propriété intellectuelle sont les employeurs et les commanditaires. Les employeurs initient la création au travers du contrat de travail (B). Les commanditaires quant à eux, initient la création des actifs de propriété intellectuelle au travers du contrat de commande (A).

A- Le contrat de commande

Le contrat de commande est un contrat d'entreprise généralement défini comme une convention par laquelle une personne s'oblige contre rémunération, à exécuter pour l'autre partie un travail déterminé de façon indépendante[116]. Dans le cadre d'une commande d'actifs de propriété intellectuelle, le contrat porte sur la création d'actifs de propriété intellectuelle, aussi bien actifs de propriété industrielle qu'actifs de propriété littéraire et artistique. La rémunération matérialise le financement de la création, financement apporté par les commanditaires. La difficulté peut résider au niveau du timing de la fixation du prix et du règlement de la facture. Quand fixer le prix ? Quand rémunérer le créateur ? Est-ce avant l'acte de création, pendant ou après la création ? Dans la majorité des cas, cas concernant les contrats portant sur les biens, la fixation du prix par les parties relève davantage des lois du marché et de l'économie et de ce fait, le processus n'est guère décrit. En revanche, le prix pouvant être indéterminé dans le contrat d'entreprise[117], à défaut de fixation de celui-ci avant l'exécution, le prestataire fixe le prix à charge pour lui d'en

---

[116] Cass.1ère civ., 19 février 1968 : Bull.Civ. I n° 69.

[117] F. Labarthe, C. Noblot, *Le contrat d'entreprise*, Paris, LGDJ, 2008, p. 208.

motiver le montant en cas de contestation. Le commanditaire, estimant qu'il est en présence d'un abus de prix peut saisir la juridiction compétente.

Le contrat de commande organise l'exécution d'un travail contre rémunération dans une indépendance. Il importe d'abord d'observer que la liberté de création de l'auteur n'est pas d'une nature telle qu'elle ne puisse être limitée par voie de convention[118]. Cependant, l'auteur lié par un contrat de commande peut voir sa liberté de création limitée par les dispositions contractuelles. La question qui se pose est celle de savoir jusqu'où les stipulations contractuelles peuvent s'étendre sans nuire à la liberté de création du prestataire. Le commanditaire peut imposer au créateur les éléments sur lesquels reposera la création. La restriction dans la liberté de création n'est pas forcément du fait du commanditaire. Le créateur peut également se limiter dans l'acte de création. La cour de cassation a établi un principe selon lequel « l'auteur peut au préalable légalement consentir par convention à limiter sa liberté de création et s'engager en particulier à obéir aux impératifs d'une commande[119] ».

Cette liberté ressortant du contrat de commande se fait également ressentir avec les droits moraux dont disposent les auteurs. Ces droits peuvent être des limitations dans l'exécution normale du contrat de commande. Le droit de divulgation est le pouvoir reconnu à l'auteur de porter son œuvre à la connaissance du public. Celui-ci a le pouvoir de décider de rendre celle-ci publique ou non, ainsi que du moment et des modalités de la première communication de son œuvre. L'auteur est en effet le seul à pouvoir déterminer que sa création est à ses yeux suffisamment satisfaisante

---

[118] Faculté de droit et des sciences économiques d'Aix en Provence, *Études offertes à André Audinet,* Paris, PUF, 1968, p. 140.

[119] Cass.7 avril 1987, RIDA n° 134, octobre 1987 ; Cass. Civ. 19 janvier 1970.D. 1970 483.

pour être soumise au jugement du public[120]. La décision de divulguer précède nécessairement celle d'exploiter l'œuvre ; elle est la décision morale, intellectuelle, prélude nécessaire à la décision patrimoniale[121]. En effet, « c'est en exerçant le droit de divulgation que l'auteur investit son œuvre d'un droit patrimonial dans la mesure nécessaire à l'exploitation qu'il permet[122] ».

Les règles de droit d'auteur par le droit de divulgation autorisent l'auteur à ne pas livrer l'œuvre quand bien même celle-ci fait objet d'un contrat de commande. L'auteur n'engage pas sa responsabilité contractuelle pour défaut de livraison lorsqu'il estime que son œuvre n'est pas divulgable. Cependant, le contrat de commande est fondé sur une obligation de faire. Le principal intérêt de la distinction entre les obligations de donner, de faire et de ne pas faire réside dans les modalités de l'exécution forcée de ces types d'obligations. « Toute obligation de faire ou de ne pas faire se résout en dommages et intérêts en cas d'inexécution de la part du débiteur[123] ». Les dommages et intérêts sont la compensation, l'équivalent du préjudice causé par le défaut d'exécution.

Le contrat de commande est le moyen par lequel les actifs de propriété intellectuelle peuvent être financés pour leur création. Il en est de même du contrat de travail.

B- Le contrat de travail

« Le contrat de travail est la convention par laquelle une personne physique s'engage à mettre son activité à la disposition d'une autre personne physique ou morale sous

---

[120] J. Fometeu, *Le droit d'auteur et les droits voisins : questions/Réponses*, Paris, L'Harmattan, 2018, p. 21.

[121] Cass. 1re civ. 5 juin 1984, BULL, civ. 1er n°184, RIDA, avril 1985, p. 150. Cass. Civ 1er, 25 février 1997, BULL. civ.1, n° 73, P. 47.

[122] Institut de recherche en propriété intellectuelle DESBOIS Henri, *La propriété intellectuelle en question,* Paris, Litec, 2006. P.112.

[123] Article 1142 du Code Civil.

la subordination de laquelle elle se place moyennant une rémunération[124] ». C'est la convention par laquelle une personne met son activité à la disposition d'une autre sous la subordination de laquelle elle se place moyennant une rémunération. Ainsi, les trois critères de l'existence d'un contrat de travail sont : le lien de subordination, la prestation de travail et la rémunération.

Le lien de subordination se définit par deux caractéristiques en fonction de la position occupée : l'autorité d'une personne physique ou morale et la soumission d'une personne physique. La prestation de travail est l'objet fondamental du contrat. Dans notre cas de figure, il s'agit de la création des actifs de propriété intellectuelle. La rémunération matérialise le financement. La plupart du temps, l'on a tendance à penser que la rémunération et le salaire signifient la même chose. Dans les faits, cette nuance est importante car elle a un impact significatif sur le revenu de l'employé. Le terme *salaire* signifie, « quels qu'en soient la dénomination et le mode de calcul, la rémunération ou les gains susceptibles d'être évalués en espèces et fixés soit par accord, soit par des dispositions réglementaires ou conventionnelles, qui sont dues en vertu d'un contrat de travail écrit ou verbal, par un employeur à un travailleur, soit pour le travail effectué, soit pour les services rendus ou devant être rendus[125] ». Le salaire est un type de rémunération. Il est versé à un employé pour son travail sous la forme d'un montant. Il s'agit de la contrepartie financière. La rémunération quant à elle, est la somme d'un ensemble de montants ou d'avantages. Un bonus, une gratification ou encore une voiture de fonction sont des éléments constitutifs de la rémunération.

---

[124] J. Pélissier, A. Supiot, A. Jeammaud, *Droit du travail*, Paris, Dalloz Siret, 2011, p. 14.

[125] Article 67 du Code du travail camerounais.

Pour l'employeur, la qualification professionnelle est très importante. Ce sont les compétences et aptitudes nécessaires pour occuper un poste de travail. La création d'actifs de propriété intellectuelle par les salariés nécessite certaines compétences. Ainsi, la création des logiciels ne peut être faite que par des informaticiens. Des spécialités sont forcément recherchées par l'employeur lorsque celui-ci veut créer un actif de propriété intellectuelle. Les savoir-faire et savoir-être prérequis sont listés et explicités dans le cadre d'une entreprise et/ou d'une activité professionnelle. « Chez Netflix[126], la qualité des employés a plus d'importance que celles des procédures, l'innovation prime sur l'efficacité ; il n'y a pas de limites pour les congés et les notes de frais ; on attend la sincérité absolue plutôt que l'esquive ; on est payé bien au-dessus du marché tant que la créativité et les performances sont là[127] ».

La qualification professionnelle est un élément essentiel du contrat de travail car elle permet d'une part la création d'actifs de propriété intellectuelle et d'autre part la gestion de la titularité des droits. Il en est de même du temps et du lieu de travail.

Paragraphe 2 : Les règles de propriété sur les actifs de propriété intellectuelle créés

La propriété intellectuelle confère une forme de droit de propriété sur la production intellectuelle humaine. Conçu en

---

[126] Netflix est une entreprise multinationale américaine créée à Scotts Valley en 1997 par Reed Hastings et Marc Randolph appartenant au secteur d'activité des industries créatives. Les industries créatives sont définies par l'Unesco comme étant des industries qui touchent à la fois la création, la production et la commercialisation de contenus créatifs de nature culturelle et immatérielle. Les contenus sont généralement protégés par le droit d'auteur.

[127] R. Hastings, E. Meyer, *La règle ? pas de règles : Netflix et la culture de la réinvention*, Buchet/ Chastel, 2021, 4eme page de couverture.

vue de réglementer la titularité de ces droits, le droit de propriété intellectuelle consiste en un système conférant à la personne responsable de la production intellectuelle des droits opposables aux tiers, de sorte que le créateur ou le titulaire des droits de propriété intellectuelle puisse exercer un contrôle sur son utilisation future[128]. Les règles de titularité prévues par le droit varient en fonction des actifs de propriété industrielle (A) et des actifs de propriété littéraire et artistique (B).

A- La titularité sur les actifs de propriété industrielle créés

Parlant de la titularité des actifs de propriété industrielle, en droit OAPI, le fondement légal des créations découlant d'un travail ou d'une commande se trouve dans l'annexe relative à la protection des inventions. Ce choix ne veut nullement dire qu'en matière de propriété industrielle les créations découlant d'un travail ou non ne peuvent être envisagées qu'en rapport avec les inventions. Tous les autres actifs de propriété industrielle sont concernés.

Lorsque l'on évoque les créations découlant d'un travail ou non, on fait intervenir les créations de mission, les créations hors mission et les créations mixtes. « Sous réserve des dispositions légales régissant le contrat de louage d'ouvrage ou de travail et sauf stipulation contractuelle contraire, le droit au brevet pour une invention faite en exécution dudit contrat appartient au maître de l'ouvrage ou à l'employeur [129] ». C'est parce que l'employeur ou le maître d'ouvrage a confié une mission au travailleur qu'il est propriétaire de ses inventions[130] par

[128] R. E. Pantatony, OMPI, *Guide de la propriété intellectuelle à l'intention des musées*, Genève, OMPI, 2007. p. 12.

[129] Article 11 de l'annexe I de l'ABR relatif aux brevets d'invention.

[130] Le droit ouvrier, Numéros 629 à 640, Confédération générale du travail, 2001, p.239.

extrapolation de ses créations. L'employeur est considéré comme seul propriétaire de l'invention et détient à la fois l'usus et l'abusus[131]. Toutefois, le législateur OAPI précise que même si nous sommes en présence d'une création de mission, l'employé aura les mêmes droits que l'employeur si celle-ci est très exceptionnelle[132].

Certains auteurs ont évoqué les règles d'évaluation de la rémunération des inventions de mission en rapport avec l'intérêt commercial de l'invention[133]. Les créations appartiennent à l'employé lorsque celui-ci l'a réalisé hors lieu de travail, à des heures libres et sans l'accompagnement d'une mission qui lui a été confiée par l'employeur. Le salarié est propriétaire de l'invention et à l'abri du droit d'attribution de l'employeur[134]. Lorsque l'inventeur est salarié ou fonctionnaire et qu'il réalise une invention dans le cadre de sa mission, l'employeur est titulaire de plein droit ab initio. En revanche, les inventions réalisées en dehors de cette mission sont acquises[135]. Qu'en est-il des créations mixtes ?

Une création mixte est une invention qui n'est pas le résultat d'une mission inventive donnée par l'employeur et qui ne tombe pas dans le « cadre de l'exécution du contrat de travail, mais qui est quand même liée d'une façon ou d'une autre à l'employeur. Par exemple, parce que l'employé a utilisé des ressources appartenant à l'employeur et que sans ces ressources, il ne serait pas

---

[131] D. Bourcier, P. Basset, C. Roquilly, *Droit et intelligence artificielle : une révolution de la connaissance juridique*, Romillat, 2003, p. 147.
[132] Article 11 alinéa 3 de l'annexe I de l'ABR relatif aux brevets d'invention.
[133] La gazette du palais : *supplément au Journal judiciaire quotidien, contenant la jurisprudence et la législation publiées dans le journal quotidien et le recueil mensuel des sommaires*, volume 118, 1998, p. 34.
[134] Revue trimestrielle de droit commercial et de droit économique, Sirey, 2000, p. 292.
[135] Recueil le Dalloz, Op. Cit., p.1288.

arrivé à la création ; l'employé a bénéficié du support financier de son employeur ; la création est directement liée à l'activité de l'employeur ou encore l'employé a travaillé sur la création pendant ses heures de travail[136] ». En résumé, les inventions mixtes sont celles qui ne relèvent pas de la mission du salarié, mais que celui-ci a réalisées à l'aide de moyens de son employeur[137]. La majorité des législations laisse compétence aux tribunaux pour déterminer le propriétaire de la création mixte[138]. Le droit OAPI confère la titularité, la propriété à l'employeur. Toutefois, l'employé qui a réalisé la création a droit à une rémunération tenant compte de l'importance de la création. Rémunération, qui à défaut d'accord entre les parties, est fixée par les tribunaux.

Le législateur détermine les règles de titularité au regard du type de créations. Cependant, bien que le droit accorde la titularité à des initiateurs de création, cette titularité est matérialisée par une procédure, procédure qui détermine l'accès à la titularité. Chaque espace fait le choix de la titularité du droit de propriété sur l'actif de propriété industrielle, choix découlant soit d'une préférence pour le premier déposant, soit une préférence pour le premier inventeur ou créateur. Le législateur OAPI a opté pour le premier déposant. Le droit de propriété industrielle appartient au premier déposant et non à l'obtenteur[139]. Ainsi, le droit de possession personnelle antérieure est exclu comme principe, mais le droit de priorité est à considérer.

---

[136] F. Ahner, J. J. Touati, *Inventions et créations des salariés : code du travail au code de propriété intellectuelle*, Paris, Éditions Lamy, 2010.

[137] F. Lefèvre, *Belgique juridique fiscal, social, comptable*, Editions F. Lefevre, 2006, p.172.

[138] Revue trimestrielle de droit commercial, Volume 25, Sirey, 1972, p. 359.

[139] C. Blaizot-Hazard, *Les droits de propriété intellectuelle des personnes publiques en droit français*, Paris, LGDJ, 1991, p. 75.

Toute personne qui de bonne foi à la date de dépôt ou de priorité d'un brevet était sur le territoire où la présente loi est applicable en possession de l'invention malgré l'existence du brevet a le droit à titre personnel d'exploiter l'invention. Le bénéficiaire d'une possession personnelle antérieure est autorisé à poursuivre son exploitation, malgré l'existence d'un brevet déposé postérieurement à la création du droit de possession personnelle antérieure, à condition de ne pas empiéter sur le brevet par glissements progressifs[140]. Cette possession est reconnue dans l'espace OAPI comme exception. Elle n'est donc point admise dans le droit OAPI comme principe. Le choix est pour le premier déposant. Ce qui entraîne la considération du droit de priorité.

Tout déposant, peu importe le régime international, bénéficie d'un droit de priorité. Ce droit autorise son titulaire à déposer d'autres demandes dans d'autres pays pour respectivement la même invention, le même dessin et modèle ou la même marque, tout en bénéficiant sous certaines conditions de la date de dépôt de la première demande dans les délais de priorité.

Le principe dans l'espace OAPI voudrait que le titulaire de l'actif de propriété industrielle soit le premier déposant, excluant ainsi le droit de possession personnelle antérieure et considérant par la même occasion le droit de priorité. Toutefois, le principe du premier déposant doit respecter la règle suivant les créations découlant d'un travail ou non.

Bien que l'employé détienne la création vu qu'il en est le créateur, il n'a nullement le droit de l'exploiter personnellement ou de faire un dépôt d'enregistrement car il est soumis à un contrat de travail, excepté lorsqu'il s'agit des créations hors mission. Raison pour laquelle le principe du premier déposant ou de la tolérance du possesseur

---

[140] G.G. Lamoureux, *La possession personnelle antérieure*, ANRT, 1986.

antérieur est dilué avec les créations découlant ou non d'un contrat de travail. Il ressort donc, au regard de tout ce qui précède que le titulaire de l'actif de propriété industrielle est le premier déposant, l'employeur pour des créations de mission et les créations mixtes, l'employé pour des créations hors mission. Celui-ci peut obtenir un titre de propriété après son dépôt.

Tout comme en matière de propriété industrielle, le législateur OAPI prévoit des règles de fond et de forme pour déterminer la titularité sur les actifs de propriété littéraire et artistique créés.

B- La titularité sur les actifs de propriété littéraire et artistique créés

Des règles de droit déterminent la titularité sur les actifs de propriété littéraire et artistique créés au travers d'un contrat de travail ou d'un contrat de commande. L'accès à cette titularité se fait au travers d'une cession des droits patrimoniaux.

De prime abord, il faut distinguer les titulaires originaires des titulaires dérivés ou successifs. Parlant des titulaires originaires, lorsque l'œuvre est le fait d'une seule personne physique ou morale, déterminer la titularité est évident. La difficulté réside en cas de pluralité de contributeurs (œuvres de collaboration, œuvres collectives) ou du type d'œuvres (œuvres composites, œuvres de commande).

L'œuvre de collaboration est l'œuvre à laquelle ont concouru deux ou plusieurs personnes physiques animés par une inspiration commune concertée pour réaliser l'œuvre. Chacun des co-auteurs doit avoir un rôle créatif original et les co-auteurs sont considérés comme les premiers titulaires du droit d'auteur. L'œuvre est la propriété commune des co-auteurs qui sont titulaires du droit sur l'œuvre de collaboration et doivent exercer les droits d'un commun accord. « Toutefois, si une œuvre de collaboration peut être divisée en parties indépendantes, c'est-à-dire si les parties de cette œuvre peuvent être reproduites, exécutées ou représentées ou utilisées autrement d'une manière séparée, les co-auteurs peuvent bénéficier de droits indépendants sur ces parties tout en étant les cotitulaires des droits de l'œuvre de collaboration considérée comme un tout[141] ».

L'œuvre collective est une œuvre créée par plusieurs auteurs à l'initiative et sous la responsabilité d'une personne physique ou morale qui la divulgue ou la publie sous son nom et dans laquelle la contribution personnelle des divers auteurs participant à son élaboration se fond dans l'ensemble en vue duquel elle est conçue sans qu'il soit possible d'attribuer à chacun d'eux, un droit distinct sur l'œuvre réalisée. Ici, le premier titulaire du droit d'auteur est la personne qui en a pris l'initiative[142].

L'œuvre composite est une œuvre nouvelle qui incorpore une œuvre préexistante et qui est réalisée sans la collaboration mais avec l'accord de l'auteur originel[143]. L'auteur d'une œuvre composite est le premier titulaire du droit d'auteur sur celle-ci sous réserve du respect du droit d'auteur sur l'œuvre préexistante. Cette œuvre renvoie obligatoirement aux droits voisins du droit d'auteur. Les droits voisins sont les droits octroyés exclusivement aux auxiliaires de la création sur leurs prestations. Les auxiliaires de la création sont les artistes interprètes, les producteurs de phonogrammes et vidéogrammes, les entreprises de communication audiovisuelle. Les droits voisins sont attribués aux personnes non créatrices de

---

[141] Article 29 de l'annexe VII de l'ABR relatif à la propriété littéraire et artistique.

[142] Article 1 de la loi ivoirienne sur le droit d'auteur et les droits voisins.

[143] Article 30 de l'annexe VII de l'ABR relatif à la propriété littéraire et artistique.

l'œuvre mais vivant dans le voisinage de l'œuvre du fait de leur interprétation ou de leur investissement financier.

L'œuvre de commande est une œuvre créée pour le compte d'une personne physique ou morale dénommée commanditaire moyennant ou non rémunération[144]. « Lorsque l'œuvre est créée pour le compte d'une personne physique ou d'une personne morale privée ou publique dans le cadre d'un contrat de travail de l'auteur ou bien lorsque l'œuvre est commandée par une telle personne à l'auteur, le premier titulaire des droits patrimoniaux et moraux est l'auteur, mais les droits patrimoniaux sur cette œuvre sont considérés comme transférés à l'employeur dans la mesure justifiée par les activités habituelles de l'employeur ou de cette personne physique ou morale au moment de la création de l'œuvre[145] ».

Les titulaires dérivés sont des personnes qui tiennent leurs droits non pas directement de la loi, mais des premiers titulaires par le biais d'un acte juridique unilatéral ou bilatéral. Le testament est un acte unilatéral. Le testament est l'acte par lequel une personne dispose de ses biens pour après sa mort en désignant un ou plusieurs légataires qui recueilleront ses biens[146]. Le légataire est donc une personne qui bénéficie d'un legs, d'un héritage d'une personne. En matière de propriété littéraire et artistique, l'on parle plus d'ayants droit. L'ayant droit est une personne bénéficiant d'un droit en raison de sa situation juridique, financière ou fiscale ou de son lien familial avec le bénéficiaire direct de ce droit. C'est l'héritier de l'auteur, titulaire dérivé.

---

[144] Article 1 alinéa 13 de la loi camerounaise sur le droit d'auteur.

[145] Article 31 de l'annexe VII de l'ABR relatif à la propriété littéraire et artistique.

[146] P. A. F. Gérard, *Code civil expliqué par la jurisprudence des cours et tribunaux, Belgique et de l'étranger*, Bruxelles, Librairie universelle de J. Rodez, 1859, p. 494.

Le contrat est l'acte juridique bilatéral par excellence[147]. En droit de propriété intellectuelle, bien que n'étant pas le titulaire originel de l'actif, l'on peut le devenir par contrat et obtenir ainsi un transfert de droits. Le contrat dont il s'agit est un contrat de cession. En matière de propriété industrielle, le cessionnaire est titulaire de tout l'actif. En matière de propriété littéraire et artistique, le cessionnaire est titulaire des droits patrimoniaux du fait d'une cession.

Dans le cadre d'une œuvre créée à la suite d'un contrat de travail ou d'un contrat de commande, la cession est d'office. Si le législateur français fait le choix d'évoquer la présomption de cession des droits patrimoniaux uniquement pour les œuvres audiovisuelles et une cession contractuelle pour les autres œuvres, le législateur OAPI évoque une cession d'office des droits patrimoniaux aussi bien pour les œuvres audiovisuelles que pour les œuvres découlant d'un contrat de travail ou d'un contrat de commande. Lorsque l'œuvre est créée pour le compte d'une personne physique ou d'une personne morale privée ou publique dans le cadre d'un contrat de travail de l'auteur ou bien lorsque l'œuvre est commandée par une telle personne à l'auteur, les droits patrimoniaux sur cette œuvre sont considérés comme transférés à l'employeur dans la mesure justifiée par les activités habituelles de l'employeur ou de cette personne physique ou morale au moment de la créativité de l'œuvre[148].

Le choix des employeurs et des commanditaires de financer la création afin d'être propriétaire des actifs de propriété intellectuelle doit tenir compte des risques.

---

[147] H. Mazeaud, F. Chabas, *Leçons de droit civil : introduction à l'étude du droit*, Montchestien, 1991, p. 363.

[148] Article 31 de l'annexe VII de l'ABR relatif à la propriété littéraire et artistique.

Section 2 : Considération des risques dans l'attente d'un retour sur investissement

Le risque se définit comme le produit du hasard et de la vulnérabilité[149]. C'est un événement indésirable susceptible de se produire[150]. Il est défini comme la probabilité de survenu d'un événement indésirable dans une activité donnée[151]. L'employeur et le commanditaire doivent évaluer le risque lorsque ceux-ci s'engagent dans le financement de la création des actifs de propriété intellectuelle. Cette évaluation débute par l'identification de ce qui pourrait mal tourner : les événements indésirables (Paragraphe 1). Elle se poursuit par l'analyse des risques (Paragraphe 2).

Paragraphe 1 : L'identification du risque

L'identification du risque consiste à préciser la nature ou le type de risque. Travaillant sur le financement des actifs de propriété intellectuelle, nous pouvons dire que les risques qui peuvent intervenir dans cette opération sont des risques juridiques (A) et financiers (B).

A- Les risques juridiques

Le risque juridique résulte de la conjonction d'une norme juridique et d'un événement, l'un et/ou l'autre étant marqué par un certain degré d'incertitude. La rencontre de ces deux éléments dans un contexte d'incertitude génère des

---

[149] J. W. Kijne, Organisation des Nations-Unies pour l'alimentation et l'agriculture, *Déverrouilles le potentiel de l'eau en agriculture,* Rome, FAO, 2003, p. 37.

[150] C. Kermish, *Le concept de risque : de l'épistémologie à l'éthique*, Paris, Lavoisier – Tec et Doc, 2011, p. 28.

[151] I. Tovena – Pecault, *Maîtriser les risques industriels de contamination,* Paris, Lavoisier – Tec et Doc, 2014, p. 79.

conséquences susceptibles d'affecter la valeur d'un bien[152]. Ce risque découle en général des dispositions contractuelles et de la non-conformité aux lois et à la réglementation en vigueur[153].

Si le terme *risque* est lié à celui de *danger* qui exprime la potentialité et la probabilité d'occurrence d'un dommage pour une personne, un bien ou un événement en général, il ne se confond pas avec le danger. Le danger devient un risque lorsqu'il y a exposition. Le risque est donc l'exposition à un danger[154]. En propriété intellectuelle, les dangers que peuvent rencontrer les actifs de propriété intellectuelle découlent du fait personnel (1), c'est-à-dire de l'employeur ou du commanditaire ou du fait d'un tiers (2).

1- Les risques découlant du fait personnel

Les risques découlant du fait personnel proviennent de l'inaction. L'inaction est définie généralement comme l'absence d'actions, d'activités. Le dictionnaire l'internaute la définit comme « *ce qui ne remplit pas ses devoirs* ». L'accès à la protection des biens intellectuels confère des devoirs aux titulaires de droits de propriété intellectuelle. Le non-respect de ces devoirs entraîne des risques, c'est-à-dire dire la possibilité qu'un événement dommageable se produise. Les devoirs dont il s'agit sont l'obligation d'exploitation et l'obligation d'action.

L'obligation d'exploitation est une exigence que doit remplir l'actif de propriété intellectuelle sous peine de

---

152 C. Collard, C. Roquilly, « Les risques juridiques et leur cartographie : proposition de méthodologie », in *La Revue des sciences et gestion* 2013/5-6 (N° 263-264), pp. 45-55.

153 Confédération générale des entreprises du Maroc, *Lutte contre la corruption : matrice des marchés, secteurs de l'électricité,* Rabat, Les guides CGEM, 2009, p. 8.

154 F. Laigle, C. Carton, *Prévention des risques psychosociaux : le nouveau cadre juridique en pratique*, Alphen aan den Rijn, Wolters Kluwer, 201-, p. 23.

sanctions. En effet, le défaut d'exploitation est un danger. L'exposition à celui-ci entraîne des risques : risque de radiation et risque de licences non volontaires.

Si le législateur français utilise le terme « *déchéance* » pour matérialiser la sanction d'une marque pour défaut d'exploitation, le législateur OAPI utilise quant à lui le terme « *radiation* ». La radiation est l'action qui consiste à rayer quelqu'un ou quelque chose d'une liste où il était inscrit. La déchéance, quant à elle, est une perte d'un droit juridique. Déchéance ou radiation, peu importe le choix des mots, il s'agit d'une sanction pour défaut d'exploitation. Sa mise en œuvre est soumise à des conditions et une procédure. Le législateur OAPI énonce que « le tribunal peut ordonner à la requête de tout intéressé, la radiation de toute marque enregistrée qui, pendant une durée ininterrompue de cinq ans précédant l'action, n'a pas été utilisée sur le territoire national de l'un des États membres, pour autant que son titulaire ne justifie pas d'excuses légitimes[155] ».

L'exposition au défaut d'exploitation n'entraîne pas uniquement la radiation. Elle entraîne également les licences non volontaires pour défaut d'exploitation.

Un contrat de licence est une collaboration entre le titulaire de droit de propriété intellectuelle et un tiers qui est autorisé à utiliser ces droits contre paiement d'un montant convenu. Le principe est que la licence est un acte de volonté de la part du titulaire de droit de propriété intellectuelle. L'on peut donc se demander comment un acte de volonté peut être non volontaire. Il le devient lorsque l'on est par exemple exposé à un défaut d'exploitation.

Les licences non volontaires pour défaut d'exploitation sont des licences délivrées sans le consentement du titulaire. Le législateur OAPI énonce que « sur requête de

---

[155] Article 23 alinéa 1 de l'annexe III de l'ABR relatif aux marques.

quiconque, présentée après expiration d'un délai de quatre ans à compter de la date du dépôt de la demande du brevet ou de trois ans à compter de la date de la délivrance du brevet, le délai qui expire le plus tard devant être appliqué, une licence non volontaire peut être accordée si l'une ou plusieurs des conditions suivantes sont remplies :

- Si l'invention brevetée n'est pas exploitée sur le territoire de l'un des États membres, au moment où la requête est présentée ;
- Si l'exploitation sur le territoire susvisé ne satisfait pas à des conditions raisonnables de la demande du produit protégé ;
- S'il y a refus du titulaire d'accorder des licences à des conditions et modalités commerciales raisonnables ;
- Et si l'établissement ou le développement d'activités industrielles ou commerciales sur le territoire susvisé, subissent injustement et substantiellement un préjudice[156] ».

L'exposition au défaut d'exploitation entraîne la radiation ainsi que les licences non volontaires pour défaut d'exploitation. Il n'est pas le seul danger lié à l'inaction. L'abstention est également un danger d'inaction. L'abstention est un danger ; le fait de s'abstenir de faire quelque chose, de ne pas se prononcer, de ne pas intervenir dans une action. Lorsque le titulaire d'un actif de propriété intellectuelle ne se prononce pas, n'intervient pas dans une action, il s'expose à des risques : la forclusion par tolérance et les licences non volontaires pour dépendance.

La forclusion est la durée limitée d'un droit d'action en particulier. L'absence d'action dans le délai imparti emporte déchéance du droit. La déchéance dont il s'agit n'est pas la

---

[156] J. M. Salamolard, *La licence obligatoire en matière de brevet d'invention : étude de droit comparé*, Genève, Librairie Droz, 1996, p. 200.

perte de l'actif de propriété intellectuelle, mais la perte du droit d'agir.

Si dans certaines législations, la forclusion par tolérance est prévue pour toutes actions dirigées contre une marque (nullité, déchéance, contrefaçon)[157], dans l'espace OAPI, les dispositions relatives à la forclusion par tolérance ne s'applique qu'à une action en contrefaçon de marque. En droit OAPI, la forclusion par tolérance signifie que la marque antérieure ne pourra plus exercer son action en contrefaçon contre les signes distinctifs ou similaires postérieures déposés de bonne foi dans la spécialité identique ou similaire lorsque le délai de trois ans est écoulé. Les titulaires de marques doivent obligatoirement assigner le présumé contrefacteur le plus rapidement possible pour que leur demande ne soit pas déclarée irrecevable. Le délai de trois ans court à compter de la connaissance réelle par le titulaire de la marque première de l'exploitation dans un pays membre de l'OAPI de la marque seconde, peu importe que cet usage soit sérieux, intensif et destiné au public de l'espace OAPI, tant que la preuve de cette connaissance est démontrée.

L'action en forclusion ne peut être initiée que par le titulaire de la marque seconde ou le cessionnaire inscrit. De même, le bénéficiaire d'un droit d'usage (licencié) régulièrement inscrit au registre des marques de l'OAPI peut intenter une telle action sauf stipulation contraire du contrat si après mise en demeure le titulaire de la marque n'exerce pas ce droit[158]. En effet, la forclusion par tolérance désigne le moyen de défense par lequel le défendeur soulève l'irrecevabilité d'une action en contrefaçon d'une marque postérieure enregistrée dont l'usage a été toléré

---

[157] Articles L-714-3 et L-716-5 du Code de Propriété Intellectuelle Français.

[158] C. D. Djomga, "La forclusion par tolérance dans l'espace OAPI" in *OAPI Law Newsletter Du dieu Avocats.*

pendant trois ans, à moins que son dépôt ait été effectué de mauvaise foi. La forclusion par tolérance, qui est une fin de non-recevoir, sanctionne l'inaction du titulaire d'une marque qui entendrait faire annuler et cesser l'usage d'une marque postérieure.

Le fait de ne pas intervenir dans une action entraîne des risques, tout comme le fait de ne pas se prononcer.

Le concept de dépendance et d'invention dépendante a suscité un intérêt tout particulier dans le domaine de la chimie et particulièrement dans celui des médicaments qui est un secteur dans lequel le plus souvent les inventions procèdent de simples améliorations du produit existant. Il y a dépendance chaque fois qu'un brevet valable du point de vue des conditions de brevetabilité ne peut être exploité sans que cela ne constitue une contrefaçon d'un brevet antérieur appartenant à un tiers[159]. Le législateur OAPI énonce que « lorsqu'une invention protégée par un brevet ne peut être exploitée sans qu'il soit porté atteinte aux droits attachés à un brevet antérieur dont le titulaire refuse l'autorisation d'utilisation à des conditions et modalités commerciales raisonnables, le titulaire du brevet ultérieur peut obtenir du tribunal une licence non volontaire pour cette utilisation[160] ». Il peut obtenir cette licence à certaines conditions. Les mêmes conditions et procédures prévues pour les licences non volontaires pour défaut d'exploitation s'appliquent. En plus de ces conditions, il faudrait que l'invention revendiquée dans le brevet représente un progrès technique important, d'un intérêt économique considérable,

---

[159] D. Gervais, *L'Accord sur les ADPIC,* Bruxelles, Larcier, 2010, p. 683.

[160] S. E. Gnakri Kouassi, La protection des brevets et l'accès aux médicaments en Afrique, Mémoire de maîtrise en droit privé, Université Catholique d'Afrique de l'Ouest, 2006.

par rapport à l'invention revendiquée dans le brevet antérieur[161].

Une condition remet un petit peu en question l'essence de la disposition principale. En effet, il est dit que « le titulaire du brevet antérieur a droit à une licence réciproque à des conditions raisonnables pour utiliser l'invention revendiquée dans le brevet ultérieur[162] ». La disposition principale laisse penser que c'est le titulaire du brevet ultérieur qui a le droit de revendiquer l'obtention d'une licence non volontaire pour dépendance sur le brevet antérieur. À l'examen complet de cet article 47, l'on peut retenir que le titulaire d'un brevet antérieur doit l'ouvrir à un demandeur qui en a nécessairement besoin pour exploiter un nouveau brevet. De même, le titulaire du brevet antérieur a le droit à une licence réciproque à des conditions raisonnables pour utiliser l'invention revendiquée dans le brevet ultérieur. Il est vrai que ce mécanisme se rencontre fréquemment dans le cadre de brevets dépendants ou dans le cas d'un produit ou d'un procédé pouvant être couvert par plusieurs brevets. Le législateur OAPI fait donc intervenir dans les dispositions relatives aux licences non volontaires pour dépendance, la notion de licences croisées ou réciproques.

La licence croisée ou réciproque est un type d'accord qui vise la convention aux termes de laquelle les parties, chaque titulaire d'un ou plusieurs brevets, se concèdent réciproquement un droit d'exploitation du ou des brevets. C'est un accord réciproque conclu par les détenteurs des droits de propriété intellectuelle en vue d'acquérir le droit d'utiliser la propriété intellectuelle détenue par les autres parties. Elle a donc pour but de partager la propriété

---

[161] Article 47 de l'annexe I de l'ABR relatif aux brevets d'invention.

[162] Article 47 alinéa b de l'annexe I de l'ABR relatif aux brevets d'invention.

intellectuelle détenue par différents propriétaires[163]. Cette licence peut prévoir ou ne pas prévoir le paiement de redevances et recouvrir les situations les plus diverses. En effet, elles peuvent résulter d'une relation pré conflictuelle, conflictuelle ou être l'expression d'un calcul économique.

Lorsqu'elle résulte de l'expression d'un calcul économique, la licence réciproque favorise à intégrer des technologies complémentaires, réduire les coûts de transactions, dénouer les blocages et éviter les procédures pour contrefaçon coûteuses[164]. Elle est pratiquée entre firmes aux technologies complémentaires pour surmonter l'écueil de brevet bloquant[165]. À ce niveau, on parle de pool de brevets ou accord de mise en commun de droits de propriété intellectuelle. C'est une approche dans laquelle plusieurs firmes acceptent de céder des licences croisées afin de réduire leur coût de transaction. Cette stratégie de groupement de brevets conduit chaque firme à mettre son invention brevetée à la disposition du groupe, c'est-à-dire du pool[166]. Ce volet des licences réciproques n'est pas concerné par l'article 47. En effet, les licences non volontaires pour dépendance concernent les licences judiciaires.

Lorsqu'elle résulte d'une relation pré conflictuelle ou conflictuelle, elle est généralement le résultat d'un compromis entre le titulaire d'un brevet et un contrefacteur présumé. Conscients du fait que le tribunal peut sanctionner les deux brevets (antérieur et ultérieur), les parties préfèrent ne pas aller jusqu'au bout de l'épreuve de force et se mettre

---

163 OECD, *Science, Technologie et industrie : perspectives de l'OCDE,* Paris, OECD, 2002, p. 165.

164 US Department of Justice and Federal Trade Commission, 1995, p. 21.

165 L. Hanane, *Firme et marché : une approche de l'économie industrielle*, Éditions Dar Essalam, 2004, p. 149.

166 B. Laperche, *Le capital savoir de l'entreprise*, Londres, Éditions ISTE, 2018, p. 161.

d'accord dans le cadre d'une licence croisée. La licence croisée sera le traité de paix enfin signé après une lutte acharnée devant les tribunaux pour faire déclarer nul le brevet de l'autre partie. Chacune des inventions pourra continuer à exploiter librement sa propre invention, sans courir le risque de contrefaire le brevet couvrant l'invention de la partie adverse[167].

Il est donc possible de demander une licence en justice lorsque deux inventions brevetées se recoupent partiellement de sorte que l'exploitation de l'une puisse constituer une atteinte au droit couvrant l'autre. Elle est un risque dans la mesure où le refus d'autorisation entraîne des conséquences. L'inaction n'est pas le seul danger dont l'exposition peut entraîner des risques. Il existe également des dangers qui ne résultent pas d'une inaction de la part du titulaire de l'actif de propriété intellectuelle, mais qui résultent d'un tiers.

2- Les risques découlant du fait d'un tiers

La loi autorise des tiers à utiliser des biens protégés à certaines conditions. Ces conditions qui ne sont rien d'autre que l'intérêt général et la bonne foi sont des dangers entraînant ainsi des risques. Gérard Cornu définit l'intérêt général comme ce qui est pour le bien public[168]. C'est une notion qui désigne l'ordre public, l'intérêt du peuple ou bien la priorité des décisions administratives sur les intérêts privés, sectoriels[169]. L'exposition à l'intérêt général entraîne des risques : la licence d'office et l'épuisement des droits.

---

[167] G. Modiano, *Le contrat de licence de brevet : droit suisse et pratique communautaire*, Genève, Librairie Droz, 1979, pp 24-25.

[168] G. Cornu, Association Henri Capitant, *Vocabulaire juridique,* Paris, PUF, 2018, V° intérêt général.

[169] Lire A. O. Hirschman, *Shifting involvements: private intetest and public action*, Princeton, Princeton University Press, 2002.

À la différence de certaines législations étrangères qui utilisent l'expression « *licences obligatoires*[170] », le législateur OAPI a fait le choix d'utiliser l'expression « *licences non volontaires* ». À la section 4 de l'annexe I relative aux brevets, le législateur introduit dans les licences non volontaires, les licences d'office.

Les licences obligatoires ou non volontaires peuvent être judiciaires ou administratives. Lorsqu'elles sont judiciaires, il s'agit, d'après l'Accord de Bangui, des licences non volontaires pour défaut d'exploitation et des licences non volontaires pour dépendance. Lorsqu'elles sont administratives, il s'agit des licences d'office. L'autorité administrative peut décréter que telle invention ou que toutes les inventions se rapportant à telle industrie sont soumises au régime des licences obligatoires d'office[171]. Ainsi, d'après le droit OAPI, « lorsque certains brevets d'invention présentent un intérêt vital pour l'économie du pays, la santé publique ou la défense nationale ou que l'absence ou l'insuffisance de leur exploitation compromet gravement la satisfaction des besoins du pays, ils peuvent être soumis par acte administratif du Ministre compétent de l'État membre en cause au régime de la licence non volontaire[172] ». Cette disposition prévoit donc trois types de licence d'office : la licence d'office dans l'intérêt de l'économie du pays, la licence d'office dans l'intérêt de la santé publique et la licence d'office dans l'intérêt de la défense nationale.

L'épuisement des droits est la limite imposée par la loi au pouvoir d'exclusivité au titulaire d'un droit de propriété intellectuelle incorporé dans un produit d'interférer avec la

---

[170] Article L 613-14 du Code de Propriété Intellectuelle Français, Article 40 de la loi suisse du 25 juin 1954 sur les brevets d'invention.

[171] J. M. Salamolard, Op. Cit., p. 31.

[172] Article 56 de l'annexe I de l'ABR relatif aux brevets d'invention.

circulation commerciale de ce produit[173]. C'est une limitation du droit exclusif de commercialisation des produits. De façon plus concrète, la première vente dans un État membre d'un objet protégé par un droit de propriété intellectuelle par son titulaire ou avec son consentement[174] épuise son droit d'interdire à un tiers la commercialisation licite de cet objet protégé par un droit de propriété intellectuelle. L'épuisement peut être national, communautaire ou régional, international[175]. Le législateur OAPI, en matière de marques, a prévu l'épuisement national[176]. Par contre, en matière de brevets, le législateur OAPI a prévu l'épuisement régional. Il a fait le choix de la libre commercialisation par la théorie de l'épuisement des droits. Ce faisant, cette mesure ne rentre pas seulement en droite ligne avec le libre commerce, mais rentre également en droite ligne dans la préservation de la libre concurrence car le titulaire voit son intervention dans le circuit de distribution du produit protégé mise en mal[177]. L'intérêt général a primé sur l'intérêt particulier. Un autre danger

---

[173] V. Scordmaglia, « Fonction du droit de marque, épuisement et transit », *Prop. Ind.* 2010, N°10, Dossier, Fonction des droits de propriété intellectuelle, N°6.

[174] P. Tafforeau, « Conditions de l'épuisement du droit de marque en cas de commercialisation par un licencié », *note de Cass. Com.*, 13 juillet 2010, N°9 – 14668, Société Thierry Mugler.

[175] A. Françon, « *L'épuisement du droit de la marque* », *JCP* 1990. I.3428 ; J. Azéma, « L'épuisement communautaire », in *Quel droit de la propriété intellectuelle pour le troisième millénaire* ? Colloque du Centre Paul Roubier en 2000 à Lyon, 2001, cool. CEIPI, Litec, p. 247.

[176] R. Kiminou, « De l'épuisement des droits de propriété intellectuelle de l'OAPI » dans *Revue de droit de propriété intellectuelle,* N°121, Mars 2001, pp. 18 et 19 ; R. Kiminou, *Économie et droit des affaires de la Caraïbe et de la Guyane*, Paris, Éditions Publibook, 2008, p. 385.

[177] B. Wakap Chongqing, *L'exploitation du monopole conféré par la propriété industrielle et l'exercice des pratiques anti-concurrentielles en zone OAPI,* Mémoire de Master droit des affaires et de l'entreprise, Université de Dschang, 2013.

limite les prérogatives du titulaire de l'actif de propriété intellectuelle : la bonne foi.

La bonne foi est un état d'esprit des sujets de droit, une attitude psychologique[178]. C'est une attitude traduisant la conviction ou la volonté de se conformer au droit qui permet à l'intéressé d'échapper aux rigueurs de la loi[179]. Ce qui intéresse le droit n'est pas tellement la bonne foi en tant qu'attitude psychologique du sujet, mais le comportement objectif qui en est le résultat. Le comportement objectif dont il s'agit est l'usage de bonne foi et la possession personnelle antérieure.

L'usage de bonne foi est un risque prévu en droit des marques. Le législateur OAPI énonce que « l'enregistrement de la marque ne confère pas à son titulaire, le droit d'interdire aux tiers l'usage de bonne foi de leur nom, de leur adresse, d'un pseudonyme, d'un nom géographique ou d'indications exactes relatives à l'espèce, la qualité, la destination, la valeur, le lieu d'origine ou l'époque de la production de leurs produits ou de la présentation de leurs services, pour autant qu'il s'agisse d'un usage limité à des fins de simple identification ou d'information et qui ne puisse induire le public en erreur sur la provenance des produits ou services[180] ». À la lecture de cette disposition, le législateur OAPI précise que deux conditions doivent être respectées : l'usage de bonne foi et l'usage limité à une simple identification sans induire le public en erreur.

La possession personnelle antérieure est un risque prévu en droit des brevets et en droit des modèles d'utilité. Il s'agit d'une autorisation donnée par la loi aux tiers qui possèdent

---

[178] Académie de droit international de la Haye, *Recueil des cours : 149 – 153, 1976*, Hague, Boston, London, M. Njihoff, 1977, p. 21.

[179] Ph. Tourneau, « Contrat et obligations » in *Encyclopédie Dalloz*, Vol. V, Paris, Dalloz, 1997, p. 1.

[180] Article 7 alinéa 3 de l'annexe III de l'ABR relatif aux marques.

de bonne foi un brevet ou un modèle d'utilité enregistré postérieurement.

Les risques juridiques doivent être pris en compte par les employeurs et commanditaires, tout comme les risques financiers.

B- Les risques financiers

Le risque financier s'exprime par l'insolvabilité potentielle, c'est-à-dire l'incapacité de faire face à un moment donné à ses engagements immédiats[181]. C'est un risque de perdre l'argent à la suite d'une opération financière (sur l'actif financier) ou à une opération économique ayant une incidence financière (par exemple une vente à crédit ou en devises étrangères)[182]. Dans notre étude, l'actif financier est l'actif de propriété intellectuelle créé.

Les risques financiers ne concernent pas les risques de crédit, bien que l'employeur et le commanditaire puissent financer la création des actifs de propriété intellectuelle non pas sur fonds propres, mais sur prêt d'argent. En effet, en finançant la création sur prêt d'argent, l'employeur ou le commanditaire espère certes, que l'actif de propriété intellectuelle créé remboursera la dette contractée auprès d'une banque par exemple, mais le risque de crédit n'est pas supporté par l'employeur ou le commanditaire, mais par le prêteur.

Pour qu'un risque soit qualifié de financier, il doit comporter trois éléments : un individu ou une organisation qui est exposé à une perte ; un actif ou un revenu dont la destruction ou la perte causeront une perte financière ; un

---

[181] G. Chanel – Reynaud, *La banque et le risque PME*, Lyon, Presses universitaires de Lyon, 2001, p. 174.

[182] https://fr.m.wikipedia.org/wiki/risque_financier.

danger qui peut causer la perte[183]. Ainsi, il existe des dangers qui peuvent entraîner des risques de perte de la valeur financière de l'actif de propriété intellectuelle : la volatilité des prix et la méconnaissance de l'industrie.

La volatilité se résume de manière simplifiée en ces termes : les cours ont-ils tendance à varier beaucoup ou peu ? Si les cours d'une matière première varient beaucoup, les vendeurs d'option se retrouvent alors exposés à une probabilité plus forte de levée d'opérations de la part des acheteurs que dans le cas d'un marché calme ou peu volatile. Il y a donc risque plus ou moins élevé pour les vendeurs de perdre de l'argent par exercice de l'acheteur[184]. Le changement de valeur porte le nom de volatilité[185]. La volatilité des prix est un danger dont l'exposition peut entraîner des risques. Les deux risques liés à la volatilité sont le risque de marché et le risque de liquidité.

Les risques de marché sont les risques de perte qui peuvent résulter des variations des prix de marché d'instruments financiers [186]. Ils sont imputables à l'instabilité des paramètres du marché. Nous retiendrons comme paramètres la nouveauté, le change et les actions.

Le paramètre de nouveauté n'est généralement jamais évoqué dans les paramètres des risques du marché. Dans notre étude, nous estimons qu'il est le principal. En matière de propriété intellectuelle, il y a des domaines ou des secteurs d'activité dans lesquels l'innovation est constante, entraînant la volatilité d'un marché. En effet, il suffit qu'une

---

[183] B. Aubert, J. G. Bernard, CIRANO, *Mesure intégrée du risque dans les organisations*, Montréal, Presses de l'Université de Montréal, 2004, p. 49.

[184] F. Declerck, M. Portier, *Comment utiliser les marchés à terme agricoles et alimentaires*, Guide France Agricole, 2010, p. 111.

[185] E. Cormier, *Préparation et analyse des états financiers*, Saint Nicolas Québec, Presses de l'Université de Laval, 2000, p. 305.

[186] Y. Boudghene, E. De Keuleneer, *Pratiques et techniques bancaires*, Bruxelles, Larcier, 2013, p. 202.

création nouvelle et plus intéressante naisse pour faire oublier l'ancienne. C'est ainsi que sur la base d'une étude sur le classement des secteurs d'activité les plus innovants selon les Français, l'électronique, l'informatique, l'aéronautique, les services en ligne sur internet, suivi de la recherche médicale et pharmaceutique sont les secteurs les plus innovants[187]. Le risque de marché est donc plus important pour les actifs de propriété intellectuelle qui découlent de ces domaines d'activité.

Le risque de change est le risque financier de voir son investissement perdre de la valeur à cause d'une variation des taux de change. Le cas de figure le plus propice avec le risque de change concerne l'industrie cinématographique du Cameroun. Le Cameroun est un pays bilingue avec une zone francophone et une zone anglophone. La zone anglophone est celle où l'industrie cinématographique est la plus solide. Elle se rapproche du Nigeria avec son Nollywood rivalisant avec Hollywood. D'ailleurs le premier film camerounais du nom de *The fisherman's diary*[188] a été diffusé sur Netflix en mars 2021. Le marché des films camerounais se trouve plus facilement au Nigeria, qui a près de deux cents millions d'habitants et est

---

[187] Sondage sur les secteurs d'activités les plus innovants réalisés par l'Institut Viavoice, Novembre 2013.

[188] Le journal du pêcheur est un film mené par Kang Quintus et Faith Fidel et dirigé par ENAH Johnscott. Il a été accepté pour représenter Cameroun à la 93 ème édition du Oscars. Ce film est le 1 er film camerounais à franchir cette étape. Le journal du pêcheur est l'une des grandes réussites de l'industrie cinématographique camerounaise en remportant des prix dans le pays et au-delà. Aux Golden Movie Awards au Ghana et aux African Movie Academy Awards (AMAA) au Nigéria, le film a remporté 10 récompenses, s'ajoutant à des récompenses à Instanbul, au Cameroun et dans une foule d'autres pays. Le film a remporté le prix du meilleur film en Inde et à New York, remportant les nominations du meilleur réalisateur, du meilleur film, de la meilleure bande originale et de la meilleure production au prestigieux PAMA à Paris, en France.

limitrophe au Cameroun. Cependant, la commercialisation et la distribution de ces films au Nigeria doivent tenir compte des risques de change.

Le risque action correspond à la possibilité de subir une perte de capital entre le moment d'achat de l'actif et le moment de sa revente. Depuis quelques années, des banques achètent aux entreprises des brevets sur la base desquels elles constituent des fonds de brevets destinés à des investisseurs en quête de placement à fort rendement. Les brevets font l'objet d'opérations de cession bail.

Si le risque de liquidité est considéré dans certains cas comme une forme de risque de marché, il est un risque financier n'appartenant pas aux risques du marché, mais dépendant du même danger à savoir la volatilité des prix.

Le risque de liquidité représente la perte encourue par un investisseur s'il lui est impossible de vendre ses instruments financiers dans des conditions normales des prix sur les marchés à cause d'une raréfaction des acheteurs pour cet instrument[189].

La volatilité des prix entraîne le risque de marché et le risque de liquidité. C'est un danger, tout comme la méconnaissance de l'industrie. L'exposition à ce danger entraîne deux risques : le risque opérationnel et le risque politique.

Benoît A. Aubert et Jean Grégoire Bernard utilisent une classification des types de risques opérationnels. Parmi ceux-ci, on retrouve le risque de modèles d'évaluation, le risque de fraude et le risque de contingence. Comme type de risques opérationnels, nous retiendrons le risque de modèles d'évaluation et le risque de contingence.

Les différentes sources de risques de modèles d'évaluation des titres financiers sont : le risque lié à des modèles erronés ou mal appréciés, le risque lié à la mise en

---

[189] E. Normand, *Réussir l'examen certifié AMF*, Paris, Pearson Éducation, 2013, p. 335.

œuvre du modèle, le risque lié à une estimation erronée des modèles, le risque lié au traitement des données, le risque lié à une mauvaise application des modèles. En effet, les modèles utilisés pour la valorisation des positions, les simulations et les tests de sensibilité peuvent contenir plusieurs erreurs. Un bon modèle permet à une firme de reconnaître des opportunités de profil. Par contre, une erreur dans le modèle peut mener une firme à prendre une position dont les conséquences pourraient être néfastes[190]. Évaluer les actifs de propriété intellectuelle nécessite de choisir un modèle d'évaluation[191] approprié.

La contingence est liée à l'incertitude, le fait de ne pas être sûr de l'existence ou non de quelque chose. Très souvent, les gestionnaires prennent beaucoup de temps afin d'analyser, comprendre et évaluer un évènement défavorable après son occurrence[192]. Cela est le résultat d'une méconnaissance de l'industrie par le monde financier. En fait, il y a une compréhension insuffisante de la valeur financière des actifs de propriété intellectuelle. Déjà que les banques ne savent pas toujours intégrer les actifs de propriété intellectuelle aux dossiers de crédit, bien que de nombreuses initiatives récentes consistent à aider le marché à détecter les actifs incorporels des entreprises qui ont une valeur réalisable. En effet, Il est plus aisé d'intégrer un actif à valeur réalisable dans un dossier de crédit qu'un actif à valeur implicite. Ainsi, les banques sont rarement compétentes pour les apprécier lorsque ceux-ci sont confrontés à des évènements défavorables. À ce niveau, nous sommes en présence d'un risque humain, qui est une

190 B. A. Aubert, J. G. Bernard, CIRANO, Op. Cit., p. 83.

191 Les modèles d'évaluation seront détaillés au chapitre suivant.

192 B. A. Aubert, J. G. Bernard, CIRANO, Op. Cit., p. 85.

composante du risque opérationnel qu'il convient d'identifier et de gérer[193].

La méconnaissance entraîne également le risque politique. Il existe des industries sujettes à beaucoup de décisions politiques ou administratives pouvant entraîner des pertes financières et il faudrait le savoir. Dans le domaine de la propriété intellectuelle, si le texte qui organise la propriété intellectuelle dans l'espace OAPI est un texte qui est stable, car il a été créé en 1977, révisé en 1999, le traité qui organise ce texte prévoit que les droits afférents aux domaines de la propriété intellectuelle tels que prévus par les annexes au présent Accord sont des droits nationaux indépendants, soumis à la législation de chacun des États membres dans lesquels ils ont effet[194]. C'est à ce niveau que le problème se situe. Le domaine de la propriété littéraire et artistique est géré par les législations nationales des États membres. Le Cameroun est l'un des pays les plus instables dans la gestion des actifs de propriété littéraire et artistique. L'auteure Ivanne Mara Koum Dissake le relevait déjà dans son ouvrage[195]. Le législateur camerounais ne cesse de mettre en place de nombreux textes pour réglementer le domaine. À l'heure actuelle, une loi relative à la perception et à la répartition des droits d'auteur et droits voisins est en cours de promulgation. L'industrie en matière de propriété littéraire et artistique est instable au Cameroun. Ainsi le producteur d'une œuvre littéraire et artistique doit tenir compte de ce risque lorsqu'il finance la création d'une œuvre.

---

[193] M. H. Bouchet, *Intelligence économique et gestion des risques*, Montreuil, Pearson Éducation, 2007, p.108.

[194] Article 3 alinéa 1 du traité de l'OAPI.

[195] I. M. Koum Dissake, *La gestion collective du droit d'auteur et des droits voisins au Cameroun : gestion adéquate ou inappropriée ?* Éditions Européennes Universitaires, 2019.

Lorsque les employeurs et les commanditaires financent la création des actifs de propriété intellectuelle, ils attendent un retour sur investissement. À cet effet, ils doivent considérer les risques. Cette considération des risques débute par l'identification de ce qui pourrait mal tourner : les risques juridiques et les risques financiers. Elle se termine par l'analyse des risques.

Paragraphe 2 : L'analyse des risques

L'analyse consiste d'une part à pouvoir classer chaque risque en fonction de sa probabilité, de son impact et de sa proximité (A). D'autre part, à estimer le risque c'est-à-dire à l'apprécier (B).

A- La classification des risques

Le risque se définit comme la probabilité d'un événement et ses conséquences. Au regard de cette définition, l'on peut dire que les éléments constitutifs du risque sont les conséquences (1) et la probabilité (2).

1- Au regard des conséquences

Les conséquences sont les répercussions juridiques et financières.

Les risques juridiques précités ont des répercussions. En effet, ces risques ont pour but d'amoindrir l'exclusivité ou le monopole d'exploitation du titulaire de l'actif de propriété intellectuelle. Les répercussions vont de la perturbation de l'exploitation paisible de l'actif de propriété intellectuelle, à la perte du droit, en passant par les limitations à l'exclusivité.

S'agissant de la perturbation de l'exploitation, le principe voudrait que le titulaire de l'actif de propriété intellectuelle soit libre de concéder son bien sous licence. Cependant, il peut subir des licences imposées de la part des juridictions civiles ou de la part des administrations compétentes. En cas de défaut ou d'insuffisance d'exploitation, de refus d'accord des licences à des conditions et modalités commerciales raisonnables, de dépendance, d'intérêt de l'économie du pays, de la santé publique, de la défense nationale, des licences peuvent être accordées à des tiers. Cette possibilité perturbe l'exploitation du détenteur du droit.

En plus, ce droit a des limites. Il ne peut aller au-delà d'un certain point. Le détenteur d'un actif de propriété intellectuelle ne peut interdire à un tiers la commercialisation licite d'un produit protégé par son actif dès lors qu'il a consenti la première vente de celui-ci dans un État membre de l'espace OAPI. L'exclusivité reconnue à l'actif de propriété intellectuelle est également limitée par la notion de bonne foi, qui accorde la possibilité d'une exploitation licite de l'actif de propriété intellectuelle par des tiers. Le titulaire du droit ne peut interdire aux tiers l'usage de bonne foi de leur nom, de leur adresse, d'un pseudonyme et de toutes indications exactes. Il ne peut aussi interdire l'exploitation de bonne foi d'une invention avant que celle-ci puisse être réservée par le déposant. La perturbation de l'exploitation et les limitations à l'exclusivité ne sont pas les seules répercussions juridiques.

La troisième répercussion est la plus grave car il s'agit d'une perte de droit : perte du droit d'agir et perte du droit de propriété. La perte du droit d'agir en contrefaçon concerne la forclusion par tolérance. À titre de rappel, la forclusion par tolérance signifie que la marque antérieure ne pourra plus exercer son action de contrefaçon pour les signes distinctifs ou similaires postérieures. La perte du droit de propriété concerne la radiation. Il s'agit d'une perte des droits pour non-usage de la marque.

L'examen du risque conduit à analyser les répercussions juridiques, mais aussi financières. Ces risques financiers précités entraînent des conséquences. Les répercussions vont de la mauvaise estimation de la valeur de l'actif de propriété intellectuelle, à la difficulté de vendre l'actif de propriété intellectuelle, en passant par la perturbation de l'exécution des contrats liés à l'exploitation des biens intellectuels.

S'agissant de la mauvaise estimation de la valeur de l'actif de propriété intellectuelle, de nombreuses méthodes d'évaluation ont été mises en place par des techniciens afin d'aider les financiers à évaluer les actifs de propriété intellectuelle. Ces méthodes, étant nombreuses, laissent le choix aux financiers d'adopter le modèle d'évaluation qui leur convient. Un mauvais choix entraîne le risque des modèles d'évaluation et la conséquence qui s'ensuit est la mauvaise estimation de la valeur de l'actif de propriété intellectuelle. Conséquence qui concerne également le risque de contingence. En effet, l'incertitude entraîne un retard dans la prise de décisions ; décisions qui peuvent ne pas être adéquates.

Quant à la perturbation de l'exécution des contrats liés à l'exploitation des biens intellectuels, celle-ci est différente de celle vue dans les répercussions juridiques. La perturbation ici a des répercussions financières. En effet, il existe des décisions d'ordre politique ou administratif pouvant entraîner des pertes financières sur l'actif de propriété intellectuelle. À ce niveau, on parle du risque politique et sa conséquence est cette perturbation.

Parlant de la difficulté de vendre l'actif de propriété intellectuelle, pour des raisons liées à la volatilité des prix, le marché peut être défavorable. Les conditions du marché ne permettent pas de vendre l'actif de propriété intellectuelle à son juste prix. Il s'agit du risque de marché.

Pire encore, il n’y a pas de preneurs. À ce niveau, nous sommes en présence du risque de liquidité.

Analyser le risque revient à décomposer les éléments constitutifs de celui-ci afin de l'expliquer. Les conséquences sont un élément constitutif du risque, tout comme la probabilité.

2- Au regard de la probabilité

Examiner le risque au regard de sa probabilité revient à analyser le nombre de chances que le risque a de se produire et le nombre de chances qu’a un risque de s’être produit.

N'ayant pas les données nécessaires pour évaluer le nombre de chances qu’un risque a de s'être produit car il faudra faire appel à la jurisprudence des États membres de l'espace OAPI et à des travaux statistiques menés dans le domaine, il est difficile d'examiner le nombre de chances qu'un risque sur l'actif de propriété intellectuelle a de s’être produit. En effet, la jurisprudence dont il est question à ce niveau est la jurisprudence relative aux tribunaux civils des États membres de l'OAPI et non celle relative à la Commission Supérieure de Recours de l'OAPI[196]. Le problème majeur qui réside est que le système judiciaire des États membres est en cours d'informatisation et il faudrait y installer un outil de recherche d'information performant[197]. Pour l'heure, il n’y a pas de plateforme permettant d'obtenir des décisions de justice concernant les risques. Certes, il existe quelques recueils de jurisprudence en matière de

---

[196] La Commission Supérieure est composée de trois membres choisis par tirage au sort sur une liste de représentants désignés par les États membres. Ses fonctions consistent notamment à statuer sur les recours formés contre les rejets de demandes de titre de protection de la propriété industrielle, les rejets de requête en maintien ou prolongation de la durée de protection, le rejet des requêtes en réintégration et les décisions d’opposition, Article 33 du traité de l'OAPI.

[197] Cet outil relève du système d’information documentaire

propriété intellectuelle auprès des tribunaux civils[198], mais nous n'avons pas trouvé à la lecture de ceux-ci, les décisions de justice concernant les risques évoqués.

N'ayant pas suffisamment de données sur l'existant permettant une analyse sur ce qui s'est déjà produit, l'on peut toutefois examiner le risque sur l'actif de propriété intellectuelle au regard de sa capacité à se produire.

Des risques juridiques aux risques financiers, certains risques ont plus de chances de se produire que d'autres. Ainsi, on peut avoir une forte probabilité ou une faible probabilité.

Au regard même de l'essence du risque, il y a des risques qui ont de faibles chances de se produire. La licence d'office telle qu'elle est réglementée par le droit OAPI en est un exemple. Bien que pour des raisons d'intérêt de santé publique, de défense nationale, de l'économie du pays, une licence d'office peut être octroyée, celle-ci nécessite préalablement un accord amiable. En cas de défaut d'accord amiable entre les parties, l'obtention d'une licence d'office ne peut être demandée devant une juridiction civile, qu'après l'expiration d'un délai de quatre ans à compter de la date du dépôt de la demande de brevet ou de trois ans à compter de la date de délivrance du brevet. Contrairement à ce que prévoyait l'Accord de Bangui de 1977, l'Accord de Bangui révisé de Bangui de 1999 a supprimé toutes les spécificités au régime des licences d'office se démarquant ainsi des législations étrangères[199]. En effet, le législateur OAPI prévoyait qu'à « la demande des ministres

[198] L. Y. Ngombe, « Le contentieux de la propriété intellectuelle dans l'espace OAPI et dans l'espace ARIPO : aperçu jurisprudentiel décennal (Janvier 2004 – Décembre 2013) », in *Cahiers de la propriété intellectuelle*, vol.16, N°3, Octobre 2014.

[199] Ces législations à l'instar de la législation française (Article L 613-16 du Code de Propriété Intellectuelle) prévoient que la recherche d'un accord amiable n'est pas nécessaire en cas de pratique déclarée anti concurrentielles ou de situation d'urgence.

compétents, le ministre en charge de la propriété industrielle pouvait mettre en demeure les titulaires des brevets. Si après un délai de douze mois, la mise en demeure n'avait pas eu d'effet et si le défaut ou l'insuffisance en qualité ou en quantité de l'exploitation entreprise à la suite de la mise en demeure portait gravement préjudice à la santé publique ou à l'économie nationale, les brevets en cause donnaient lieu à des licences d'office[200] » Cependant, la nouvelle réglementation est tout autre. L'application du régime des licences obligatoires aux licences d'office dans l'Accord de Bangui de 1999 fait que ces licences n'ont rien d'office. Elles ne sont ni souples, ni expéditives. Il aurait peut-être fallu que le législateur dise que les licences obligatoires peuvent être administratives lorsqu'elles sont octroyées dans l'intérêt de la santé publique, de l'économie du pays ou de la défense nationale et judiciaire dans tous les autres cas[201].

La radiation est également un risque dont la survenance est un peu faible au regard de son organisation juridique. Tout d'abord, le délai imparti est de cinq ans sans avoir exploité la marque. En plus, si le titulaire de la marque a des excuses légitimes, il peut ne pas courir le risque que sa marque ne soit pas radiée.

Toujours dans le domaine des marques, la forclusion par tolérance ne se produit pas si facilement. Le droit d'agir que dispose le titulaire de la marque antérieure ne peut qu'être exercé contre les signes distinctifs ou similaires postérieurs, déposés de bonne foi dans la spécialité identique ou similaire. Bien que le délai d'action ne soit que de trois ans, il faudrait la réunion de plusieurs éléments : la similarité des

---

[200] Article 57 de l'annexe I de l'Accord de Bangui de 1977.

[201] P. J. Lowe Gnintedem, *Droit des brevets et santé publique dans l'espace OAPI*, Thèse de doctorat, Université de Dschang, 2011, pp 223-224.

signes, la bonne foi, la similarité de spécialité. À titre de rappel, les marques sont déposées en fonction des classes.

Dans la prolongation de la forclusion par tolérance qui nécessite comme élément la bonne foi, l'usage de bonne foi est un risque à faible probabilité tout comme la possession personnelle antérieure. L'usage de bonne foi est limité à des fins de simples identifications ou d'informations et cet usage ne doit en aucune façon induire le public en erreur sur la provenance des produits ou services. La possession personnelle antérieure est soumise à deux conditions : la bonne foi et les actes conformes dans leur nature ou leur finalité à l'utilisation antérieure effective ou envisagée.

Le risque politique a aussi une probabilité faible. Comme nous l'avons dit plus haut, ce risque dans le domaine de la propriété intellectuelle concerne plus les actifs de propriété littéraire et artistique du Cameroun. Les autres actifs de propriété littéraire et artistique des autres États membres ne sont pas concernés tout comme les actifs de propriété industrielle régis par l'Accord de Bangui.

De la même manière qu'il y a une faible probabilité de survenance du risque sur l'actif de propriété intellectuelle, il existe également une forte probabilité de survenance du risque.

L'épuisement des droits est l'un des risques dont la survenance est la plus probable. Les licences non volontaires pour dépendance ont aussi une forte probabilité. De nos jours, les inventions sont généralement des améliorations des précédentes, d'où le risque de dépendance ou de réciprocité élevé. Les secteurs pharmaceutiques, électroniques ou encore informatiques sont très innovants.

Les licences non volontaires pour défaut d'exploitation sont le dernier risque juridique qui a une forte probabilité de survenance. Tout d'abord, le délai imparti par le législateur pour l'exploitation obligatoire est assez court :

quatre ans à compter de la date de dépôt de la demande de brevet ou trois ans à compter de la délivrance du brevet. En plus, il faudrait que l'exploitation de l'invention brevetée satisfasse la demande. En d'autres termes, si la demande est élevée et que le brevet est dans l'incapacité de répondre à la demande du marché, il court le risque d'être soumis à des licences non volontaires pour défaut d'exploitation.

Le risque de liquidité suppose donc la difficulté de vendre son actif de propriété intellectuelle à un juste prix à cause de la raréfaction des acheteurs sur le marché. Il n'existe déjà pas en tant que tel un marché de biens intellectuels. Raison pour laquelle, ces risques ont une forte probabilité de survenance.

L'analyse du risque au regard de ses conséquences et de sa probabilité impose obligatoirement des choix. Les choix naissent de l'estimation du risque.

B- L'estimation du risque

L'estimation du risque renvoie à attribuer une valeur au risque. Depuis les années 70, des chercheurs ont proposé un modèle de la perception des risques susceptibles de faciliter le processus de gestion des risques[202] Nous nous appuierons sur la démarche de Christine Noiville[203]. L'on attribue une valeur au risque parce qu'il est acceptable (1) ou accepté (2).

1- Risque acceptable

Le risque sera acceptable s'il est indemnisable. Indemnisable voudrait dire qui peut ou doit être indemnisé, dédommagé de ses pertes, de ses frais. En propriété

---

[202] C. Kermisch, *Le paradigme de la perception du risque*, Paris, Lavoisier – Tec et Toc, 2010, p. 49.

[203] C. Noiville, « Risque acceptable, risque accepté : la prise en charge de la décision » in *Du bon gouvernement des risques*, 2003, pp 179-217.

intellectuelle, lorsqu'on parle d'indemnisation, on se réfère principalement au délit de contrefaçon. On accorde une indemnisation au préjudice résultant du délit de contrefaçon, qui est une pratique anticoncurrentielle exécutée en violation d'un droit de propriété intellectuelle. La jurisprudence rappelle que tout préjudice commis par violation d'un droit de propriété intellectuelle doit être réparé dans son intégralité sans perte ni profit pour aucune des parties[204]. Les juges prennent donc en considération le gain manqué et les pertes subies par le titulaire pour fixer l'indemnisation[205]. Cette indemnisation ne concernera pas cette partie car nous avons faisons le choix de ne pas présenter la contrefaçon comme un risque. Plus loin dans cet ouvrage, nous présenterons la contrefaçon dans la détermination de la valeur de l'actif de propriété intellectuelle. Ainsi, l'indemnisation relative à la contrefaçon interviendra dans la valeur de l'actif de propriété intellectuelle.

L'indemnisation dans cette partie, est en rapport avec le risque. Le risque est acceptable parce qu'il est indemnisable. Des risques identifiés plus haut, certains sont indemnisables selon le droit OAPI. C'est le cas des licences non volontaires qu'elles soient administratives ou judiciaires. L'acte administratif du ministre compétent de l'État membre octroyant une licence d'office détermine l'administration ou l'organisation bénéficiaire, les conditions de durée, le champ d'application de la licence non volontaire ainsi que le montant des redevances[206]. La licence d'office n'est pas gratuite. C'est juste une

---

[204] Arrêt de la Cour de Cassation du 8 Juin 2017 (N°15 – 21.237).

[205] A. Blondieau, *L'indemnisation des préjudices résultant de la contrefaçon*, Mémoire de Master 2 en propriété industrielle, Université Paris 1 Panthéon Sorbonne, 2008.

[206] Article 56 alinéa 1 de l'annexe I de l'ABR relatif aux brevets d'invention.

autorisation administrative d'exploiter une invention sans le consentement de son titulaire moyennant paiement d'un prix. À défaut d'accord entre les parties, compétence est laissée à la charge des tribunaux civils. Si la licence non volontaire est accordée, la décision du tribunal fixe le montant de la compensation due par le bénéficiaire de la licence au titulaire du brevet. En l'absence d'accord entre les parties, cette compensation doit être équitable et tenir compte de toutes les circonstances de l'espèce[207]. Cette précision est nécessaire car l'organisation des licences non volontaires pour dépendance selon le droit OAPI fait intervenir la notion de licences croisées même si ce type de licence n'est pas clairement précisé. La doctrine estime que la licence croisée ou réciproque peut prévoir ou ne pas prévoir le paiement des redevances et recourir les situations les plus diverses[208].

Lorsque l'on est confronté à des licences non volontaires, le risque peut être acceptable, toléré car il est indemnisable. Le risque peut également être acceptable s'il est imputable, en d'autres termes, si on peut attribuer sa survenance au compte de quelqu'un.

Le risque peut découler du fait personnel ou du fait d'un tiers. Lorsqu'il découle du fait d'un tiers, le risque n'est imputable à personne car c'est la loi elle-même qui justifie et légitime les actes du tiers. Lorsqu'il découle du fait personnel, le risque est imputable au titulaire de l'actif de propriété intellectuelle car la survenance du risque est la résultante d'une faute commise par lui. En effet, l'obligation d'exploitation soi-même ou par le biais des tiers autorisé est nécessaire pour éviter le risque de faire face à une licence non volontaire pour défaut d'exploitation ou à une radiation. Il en est de même de l'obligation d'exercer une

---

[207] Article 49 alinéa 4 de l'annexe I de l'ABR relatif aux brevets d'invention.

[208] G. Modiano, Op. Cit., p. 24.

action en contrefaçon contre une marque similaire déposée de bonne foi dans un délai de trois ans.

Le risque peut être toléré parce qu'il est imputable. Il peut être toléré parce qu'il indemnisable. Le risque peut tout simplement être accepté.

2- Risque accepté

Étant donné que le risque se définit comme un évènement aléatoire, il est donc possible que l'événement se produise ou non. Il y a des probabilités beaucoup plus élevées pour la survenance de certains événements par rapport à d'autres. Le commanditaire ou l'employeur fait le choix d'accepter ou d'assumer le risque car il peut ne pas se produire et s'il se produit, le commanditaire ou l'employeur ne peut espérer une indemnisation ou une imputabilité. Un autre aspect et pas des moindres à tenir en compte est que le risque n'implique pas forcément une perte. Le principe du risque est qu'il est la survenance d'un évènement aléatoire susceptible de causer un dommage aux biens. C'est ce postulat qui nous a conduits tout au long de cette section. Cependant, certains auteurs définissent le risque financier comme l'incertitude concernant des situations à venir qui impliquent des pertes ou des gains financiers. Il est un problème dans la mesure où l'avenir est incertain et implique typiquement des pertes aussi bien que des gains potentiels[209]. Le gain potentiel n'est pas un dommage. Ce n'est pas un évènement indésirable. C'est une conséquence positive du risque.

Les actifs de propriété intellectuelle peuvent être financés pour leur création, tout comme pour leur gestion.

---

[209] P. R. Krugman, R. Wells, L. Baechler, *Macroéconomie*, Louvain-la-Neuve, De Boeck, 2019, p. 372.

Titre 2
Le financement de la gestion des actifs de propriété intellectuelle

Le financement de la gestion des actifs de propriété intellectuelle supposerait les capitaux nécessaires pour gérer les actifs de propriété intellectuelle. Toutes les techniques de financement sont possibles pour atteindre cet objectif ; techniques que nous avons étudiées ci-dessus. Il n'est donc plus nécessaire de s'appuyer sur les mêmes techniques pour démontrer le financement de la gestion des actifs de propriété intellectuelle. À titre d'exemple, dans le premier chapitre, nous avons déterminé les objectifs visés par les financeurs. L'entrée dans le capital des sociétés est un objectif des investisseurs qui peut concerner la gestion des actifs de propriété intellectuelle. Le projet Tagus Drone[210] est un projet de financement par *crowdequity* pour la gestion des drones solaires. Dans cette forme de financement, l'actif de propriété intellectuelle n'est pas le moyen par lequel l'entreprise se finance. L'entreprise utilise un autre moyen de financement à savoir le *crowdequity*. Les financeurs attendent en retour l'entrée dans le capital. Dans ce sens, l'actif de propriété intellectuelle n'est pas un acteur du jeu.

Comme il n'est plus nécessaire de présenter les mêmes techniques de financement qui peuvent s'appliquer aussi bien pour la création que pour la gestion des actifs de

[210] Il s'agit de l'entreprise d'un jeune ingénieur camerounais diplômé de l'école polytechnique de Maroua, inventeur du drone solaire. Cette invention a été brevetée à l'OAPI. Ce projet est en cours de financement sur Tagus Investment

propriété, le financement de la gestion des actifs de propriété intellectuelle doit juste se comprendre comme le financement par les actifs de propriété intellectuelle. L'actif de propriété intellectuelle est utilisé lui-même pour sa gestion.

Ceux qui apportent les capitaux en utilisant les actifs de propriété intellectuelle sont les prêteurs sur garantie (Chapitre 3) et les exploitants (Chapitre 4).

Chapitre 3
Les objectifs visés par les prêteurs sur garantie

Le prêteur sur garantie accorde un prêt contre une garantie. L'utilisation en garantie des actifs de propriété intellectuelle n'est rien d'autre qu'un nantissement. Les titulaires d'actifs de propriété intellectuelle nantissent leurs droits de propriété intellectuelle auprès des prêteurs sur garantie. Le prêt accordé par ceux-ci est fonction de la valeur de l'actif de propriété intellectuelle, d'où la nécessité d'évaluer les actifs de propriété intellectuelle (Section 2). Cette évaluation est capitale, surtout lorsque l'on sait que les prêteurs sur garantie attendent en retour de leur financement la possibilité de recourir aux actifs de propriété intellectuelle nantis en paiement en cas de non-remboursement (Section 1).

Section 1 : Le recours aux actifs de propriété intellectuelle nantis en paiement en cas de non-remboursement

Cet objectif visé repose sur le nantissement (Paragraphe 1), acte qui permet aux financeurs d'utiliser les actifs de propriété intellectuelle nantis en paiement (Paragraphe 2).

Paragraphe 1 : Le nantissement des actifs de propriété intellectuelle

La question de la garantie des actifs de propriété intellectuelle est gérée principalement par le législateur OHADA, précisément dans l'acte uniforme OHADA relatif aux sûretés. Le législateur OAPI préconise aussi le gage des actifs de propriété intellectuelle. Toutefois, l'Accord de Bangui est accessoire aux actes uniformes OHADA. En effet, les règles qui organisent l'opération de garantie découlent principalement du droit OHADA. Ainsi, le législateur OHADA énonce que « le nantissement des droits de propriété intellectuelle est la convention par laquelle le constituant affecte en garantie d'une obligation tout ou partie de ses droits de propriété intellectuelle existants ou futurs, tels que des brevets d'invention, des marques de fabrique et de commerce, des dessins et modèles[211] ». Sauf stipulation contraire, le nantissement des droits de propriété intellectuelle ne s'étend pas aux accessoires et aux fruits résultant de l'exploitation[212]. De ce qui précède, il ressort que le nantissement des droits de propriété intellectuelle concerne les actifs de propriété existants ou futurs (A). Il porte sur tout ou partie des droits (B) et ne s'étend pas aux accessoires et fruits (C) résultant de l'exploitation sauf stipulation contraire.

A- Les actifs de propriété intellectuelle existants

Les actifs de propriété intellectuelle existants sont ceux qui ont obtenu légalement leur protection. Si, en matière de propriété industrielle, l'obtention du titre de propriété fait suite à un dépôt en matière de propriété littéraire et artistique, la création et l'originalité de l'œuvre engendrent la protection.

Le législateur OHADA cite clairement les actifs de propriété intellectuelle qui peuvent être utilisés en garantie. D'autres en revanche peuvent être utilisés en garantie du

[211] Article 156 de l'AUS.
[212] Article 159 de l'AUS.

fait de l'essence ou du caractère que leur confère le législateur OAPI. Les actifs de propriété industrielle cités spécifiquement sont les brevets d'invention, les marques de fabrique et de commerce, les dessins et modèles.

Depuis la fin des années quatre-vingt-dix, le nantissement des brevets par des entreprises innovantes afin d'obtenir du crédit s'est développé dans plusieurs pays à l'instar des États-Unis[213]. Il en est de même de la marque. « Le nantissement d'une marque peut concourir à l'accès au crédit de l'entreprise qui en est titulaire, car elle constitue pour le créancier une solide garantie de paiement. Cette sûreté, qui peut être consentie au profit de plusieurs bénéficiaires, présente encore l'avantage de n'affecter ni l'exploitation de la marque ni les revenus qu'elle génère puisque son titulaire n'en est pas dépossédé[214] ». Quant aux dessins et modèles, autrefois, comme les autres actifs cités ci-dessus, le nantissement des dessins et modèles était uniquement attaché au nantissement du fonds de commerce[215]. Cette possibilité n'est certes pas exclue par le législateur OHADA. Le nantissement du fonds de commerce est la convention par laquelle le constituant affecte en garantie d'une obligation, les éléments incorporels constitutifs du fonds de commerce. Parmi ces éléments, peuvent être cités « le droit au bail commercial, les licences d'exploitation, les brevets d'invention, les marques de fabrique et de commerce, les dessins et modèles et autres droits de propriété intellectuelle[216] ». La nouveauté

---

[213] B. Aimable. J. B. Châtelain, K. Kalf, « Nantissement des brevets et croissance des innovations », *Revue d'économie politique*, 2006/4 (20) 116, p. 523.

[214] B. Guilleminot, B. Fournir, « Le nantissement de marques », http://www.lexplicite.fr/le-nantissement-de-marques/ 20/08/2015.

[215] G. Chabaud, *La protection légale des dessins et modèles, propriété artistique en matière d'art industriel : loi de 1873-1902, droit commun : loi du 14 juillet 1909*, H. Dunod et E. Pinat, 1913, p. 157.

[216] Article 162 de l'AUS.

de la récente réforme sur les sûretés a permis d'individualiser le nantissement des droits de propriété intellectuelle.

De façon indirecte, le législateur OAPI affirme que ces trois actifs peuvent faire l'objet d'un gage. Pourquoi disons-nous que cette possibilité est prévue de manière indirecte ? À titre d'exemple, parmi les actes d'exploitation que le titulaire d'une invention brevetée dispose, se trouvent la fabrication, l'importation, l'offre à la vente, la vente, l'utilisation[217], la cession, la transmission par voie successorale et la conclusion de licence[218]. Le gage n'est point mentionné dans les actes de disposition. Toutefois, il est écrit que « les actes comportant, soit transmission de propriété, soit concession de droit d'exploitation ou cession de ce droit, soit gage ou main levée de gage relativement à une demande de brevet ou à un brevet, doivent, sous peine de nullité, être constatés par écrit[219] ». En d'autres termes, le brevet peut être donné en gage. Cette même formulation est reprise pour les marques et les dessins et modèles[220].

Surprenant est de constater que le législateur OHADA ne cite que ces trois actifs de propriété industrielle dans l'utilisation en garantie car la possibilité de gage n'est pas uniquement prévue pour ceux-ci dans l'Accord de Bangui. Il ne faut pas oublier que la réforme relative aux sûretés est intervenue onze ans après la réforme de l'Accord de Bangui. Est-ce à dire que le législateur OHADA considère comme incontestable l'utilisation en garantie de ces actifs ? Le fait tout de même d'utiliser la locution adverbiale « *tels*

[217] Article 7 alinéa 3 de l'annexe I de l'ABR relatif aux brevets d'invention.

[218] Article 7 alinéa 4 de l'annexe I de l'ABR relatif aux brevets d'invention.

[219] Article 33 alinéa 2 de l'annexe I de l'ABR relatif aux brevets d'invention.

[220] Articles 26 de l'annexe III relatif de l'ABR aux marques et 20 de l'annexe IV de l'ABR relatif aux dessins et modèles.

que » en énumérant les actifs qui peuvent être susceptibles de garantie laisse penser que la liste n'est pas exhaustive. Nous pourrons déceler à la lecture de l'Accord de Bangui que certains actifs de propriété intellectuelle sont prévus de manière explicite, d'autres de façon implicite, quand d'autres sont carrément exclus d'une utilisation en garantie.

Les modèles d'utilité et les schémas de configuration des circuits intégrés peuvent faire l'objet d'une garantie. La même forme indirecte est employée pour ces deux actifs de propriété industrielle [221]. Il en est de même pour les opérations de gage ou de main levée d'une demande d'enregistrement d'un schéma de configuration de circuits intégrés[222].

Compte tenu de leur essence ou de leur caractère, d'autres actifs peuvent être nantis bien qu'ils ne soient pas prévus explicitement. Il s'agit des actifs de propriété littéraire et artistique. La question de l'utilisation en garantie des actifs de propriété littéraire et artistique a suscité beaucoup de débats. En effet, le fait pour le législateur OHADA de citer expressément les actifs de propriété industrielle pourrait laisser penser que ce ne sont que les actifs de propriété industrielle qui sont concernés. Toutefois, le fait que la liste soit non exhaustive, que les actes d'exploitation soient autorisés sur les actifs de propriété littéraire et artistique, possibilité est accordé aux actifs de propriété littéraire et artistique de pouvoir être utilisés en garantie d'un contrat de prêt. Mais cette utilisation ne concerne que certaines prérogatives : les prérogatives d'ordre patrimoniales. La législation ivoirienne est claire à ce sujet. « Les droits patrimoniaux de l'auteur d'une œuvre de l'esprit tels que définis par la

[221] Article 28 alinéa 2 de l'annexe II de l'ABR relatif aux modèles d'utilité.

[222] Article 18 alinéa 2 de l'annexe IX de l'ABR relatif aux schémas de configuration des circuits intégrés.

présente loi peuvent faire l'objet d'un nantissement conformément aux dispositions de la législation en vigueur [223] ».

L'unique actif de propriété industrielle non prévu explicitement par le droit OAPI, mais dont le caractère autorise à le qualifier d'actif de propriété industrielle susceptible de garantie est l'obtention végétale. L'annexe X ne prévoit pas de manière expresse ou implicite la possibilité d'asseoir une sûreté sur les droits conférés par la certification d'obtention végétale. Mais, la solution ne paraît pas discutable[224]. L'Annexe X affirme en effet la libre disponibilité des droits portant sur l'obtention végétale en permettant dans plusieurs de ses articles la cession et la transmission de l'obtention végétale[225]. L'on peut donc supposer que cet actif de propriété industrielle pourrait faire l'objet d'un nantissement. Ce qui n'est pas le cas pour certains actifs de propriété industrielle exclus de la garantie.

Deux actifs de propriété industrielle sont exclus d'une utilisation en garantie à savoir le nom commercial et les indications géographiques. Le droit OAPI énonce que « le nom commercial ne peut être cédé ou transmis qu'avec l'établissement commercial, industriel, artisanal ou agricole, ou la partie dudit établissement désigné sous ce nom[226] ». En effet, l'actif nom commercial ne peut être dissocié de l'établissement que celui-ci identifie. Il ne peut donc être utilisé en garantie car l'objectif de la garantie est qu'à l'absence du paiement à l'échéance, le créancier obtient sa cession ou son attribution sans la transmission de l'établissement. Les indications géographiques ne peuvent

---

[223] Article 80 de la loi ivoirienne sur le droit d'auteur.

[224] W.D. Kabre, « Étude critique du nantissement des droits de propriété intellectuelle en droit OHADA » in *Lecames*, 2014. p. 135.

[225] Articles 9 alinéa 3, 28 alinéa 3, 39 alinéa 1 de l'annexe X de l'ABR relatif aux obtentions végétales.

[226] Article 15 alinéa 1 de l'annexe V de l'ABR relatif au nom commercial.

être utilisées en garantie car elles ne sont pas la propriété d'une seule personne. Elles confèrent un droit d'utilisation à certaines personnes. Dans la logique de la maxime « *Nemo dat quod non habet* », « nul *ne peut transférer la propriété d'une chose qui ne lui appartient pas* », l'on ne peut garantir un bien dont on n'est pas propriétaire. En plus de devoir exister, le législateur OAPI prévoit que ces actifs de propriété intellectuelle peuvent être futurs.

En vertu de l'article 157 alinéa 2 de l'acte uniforme révisé relatif aux sûretés, les droits futurs offerts en garantie doivent être déterminés ou tout au moins déterminables. Il faudrait être en mesure de mettre en exergue les éléments identifiants ou permettant de déterminer les droits apportés en garantie. En cela, ces droits futurs doivent avoir un commencement d'existence, une existence embryonnaire permettant de s'assurer de leur certitude. En ce sens, certains auteurs ont estimé qu'une sûreté peut valablement être constituée sur une marque pour laquelle une demande d'enregistrement a été déposée à l'OAPI[227]. Par contre, d'autres déduisent qu'à la vérité, il ne s'agit pas de droits futurs, mais de droits provisoires[228], les droits issus des demandes déposées naissant à compter du jour du dépôt de la demande de la délivrance du titre[229].

Entre les partisans de ceux qui pensent que les demandes d'enregistrement peuvent être considérées comme droits futurs et ceux qui ne le pensent pas, nous estimons, comme certains, que la solution retenue par le législateur OHADA d'étendre le nantissement aux actifs de propriété

---

[227] N. J. Bakam Titgoum, « Le nantissement des marques de produits ou services : le législateur OHADA à l'épreuve de l'immatérialité », in *Cahiers de la propriété intellectuelle*, Vol. 28, N°3, Éditions Yvon Blais, Oct. 2006.

[228] M. Vivant, « L'immatérialité en sûreté » dans *Mélanges Michel Cabrillac,* Paris Dalloz, Litec, 1999, N° 62, p. 410.

[229] N. Martial, *Droit des sûretés réelles sur propriété intellectuelle*, Aix en Provence, PUA, 2007, N°110, p. 91.

industrielle futurs, en d'autres termes aux droits de propriété intellectuelle en cours d'enregistrement, favorise le crédit du débiteur, qui peut, en contrepartie des sommes empruntées pour élaborer l'œuvre ou la création, donner en garantie au créancier ses droits futurs sur cette dernière[230].

Le débiteur peut apporter tout ou partie de ses droits de propriété intellectuelle existants ou futurs.

B- Tout ou partie des droits

L'on se serait attendu à ce que le législateur OHADA dise plutôt que le nantissement est la convention par laquelle le constituant affecte en garantie d'une obligation son droit de propriété intellectuelle. Si le législateur a fait le choix d'écrire « *tout ou partie des droits* », c'est certainement à dessein. Analyser cette expression « tout *ou partie des droits de propriété intellectuelle* » peut être faite selon deux cas de figure ; premier cas de figure : pluralité des droits de propriété intellectuelle, second cas de figure : un seul droit de propriété intellectuelle.

S'agissant du premier cas de figure, c'est la situation dans laquelle le constituant, celui qui nanti son actif de propriété intellectuelle est propriétaire d'une pluralité de droits de propriété intellectuelle. En d'autres termes, il a un portefeuille de droits de propriété intellectuelle qui peut être composé de plusieurs brevets, marques, modèles d'utilité, dessins et modèles, obtentions végétales, schémas de configuration, droits d'auteur. L'exemple le plus parlant est celui du nantissement du portefeuille de brevets de la société Alcatel en 2012. Alcatel-Lucent a nanti sa propriété intellectuelle auprès d'un consortium composé de la banque d'investissement Goldman-Sachs et Crédit suisse, en vue d'obtenir un prêt de 1,6 milliard d'euros[231].

---

[230] K. W. Kabre, Op. Cit., P. 137.

[231] J. C. Rolland, J. Y. Plaçais, M. Buchkremer, F. Lucarz, V. Lorphelin, « Le brevet au cœur de la création de la valeur des grands

En matière de propriété industrielle, nantir tout le titre se comprend. Le demandeur au prêt apporte en garantie son brevet, son modèle d'utilité, sa marque, etc. Que représentent les parties du titre de propriété industrielle qui peuvent faire l'objet d'un nantissement ? Tout droit patrimonial se définit par son contenu, c'est-à-dire ses attributs. Ainsi compris, le typique usus, fructus, abusus structure le droit, lui donne forme et consistance[232]. Cette typologie peut-elle être analysée comme typologie des droits de propriété industrielle pouvant faire l'objet d'un nantissement ? Difficile de répondre par l'affirmative. En effet, en considérant le volet « *fructus* », le législateur OHADA précise bien que sauf stipulation contraire, le nantissement des droits de propriété intellectuelle ne s'étend pas aux accessoires et aux fruits résultant de l'exploitation du droit de propriété intellectuelle, objet du nantissement[233]. Comment comprendre les parties de droit de propriété industrielle visée lorsque l'on est en présence d'un seul droit de propriété industrielle ? Certains ont pensé que les parties des droits de propriété industrielle dont il s'agit peuvent être le droit de fabrication ou le droit de commercialisation[234]. Cette analyse nous semble la plus probable.

---

acteurs du numérique », *Politique de l'innovation, économique et propriété intellectuelle,* palmarès des inventeurs de la french, 10 avril 2018.
https://www.forbes-fr/technologie/le-brevet-au-coeur-de-la-creation-de-valeur-des-gra nds-acteurs-du-numerique/

[232] G. Blanluet, *Essai sur la notion de propriété économique en droit privé français : recherches au confluent du droit fiscal et du droit civil,* Paris, LGDJ, 1999, p.3.

[233] Article 159 de l'AUS.

[234] K. W. Kabre, Op. Cit., p. 14.

C- L'exclusion des fruits et accessoires

Le principe de l'accessoire existe dans tout le droit privé et se résume à l'adage selon lequel « *l'accessoire suit le principal* » « *Accessorium sequitur principale* ». Si un bien ou le devenir d'un bien dépend d'un autre bien, il peut être considéré juridiquement comme son accessoire.

Le certificat d'addition ou d'amélioration est un titre accessoire[235]. C'est un titre qui constate les changements, perfectionnements ou additions apportés par le breveté ou les ayant droit au brevet à l'invention enregistrée au cours de la durée du brevet[236], par l'auteur d'un modèle d'utilité ou les ayant droit au certificat d'enregistrement du modèle d'utilité, pendant toute la durée du modèle d'utilité[237]. Ces changements, perfectionnements, additions ne sont pas indispensables à l'exploitation de l'invention ou du modèle d'utilité, préalablement protégé. Raison pour laquelle, il n'y a pas d'obligation de la lier avec le principal. Dans l'Accord de Bangui, est fortement affirmé le principe de l'indépendance du droit d'exploitation des brevets ou des certificats d'enregistrement se rattachant au même objet[238].

Possibilité est donc reconnue d'utiliser en garantie de façon autonome ces certificats d'addition et d'amélioration. Cette utilisation est exclue d'un nantissement des droits de propriété intellectuelle sauf stipulation contraire. Ce nantissement n'est validé que dans le respect d'un formalisme précis : exigence d'un écrit et d'une publicité (inscription au Registre du Commerce et du Crédit Mobilier OHADA et inscription aux registres spécialisés de l'OAPI).

---

[235] OMPI, *Propriété industrielle et droit d'auteur*, Volume 3, Genève, OMPI, 1997, p.12.

[236] Article 26 alinéa 1 de l'annexe I de l'ABR relatif aux brevets d'invention.

[237] Article 21 de l'annexe II de l'ABR relatif aux modèles d'utilité.

[238] Article 30 de l'annexe I relatif aux brevets d'invention et Article 25 de l'annexe II relatif aux modèles d'utilité de l'ABR.

L'intérêt pour le titulaire du droit de propriété intellectuelle est d'obtenir des capitaux au moyen de son actif de propriété intellectuelle affecté en garantie. Pour le prêteur sur garantie, c'est tout autre. Le prêteur simple attend le remboursement de son prêt, mais le prêteur sur garantie attend pouvoir se servir de la garantie en paiement en cas de non-remboursement.

Paragraphe 2 : L'utilisation de l'actif de propriété intellectuelle nanti en paiement

La possibilité d'utiliser l'actif de propriété intellectuelle nanti en paiement résulte des droits conférés par la loi (A). L'article 161 de l'acte uniforme OHADA relatif au droit des sûretés dispose que le nantissement des droits de propriété intellectuelle confère au créancier un droit de suite, un droit de réalisation et un droit de préférence. Le droit de suite et de préférence permettent d'effectuer les opérations entraînant la réalisation de la garantie (B).

A- Les droits du créancier

Le droit de suite entendu comme avantage du prêteur sur garantie est différent du droit d'auteur patrimonial inaliénable reconnu aux auteurs d'œuvres originales d'art graphique ou plastique qui leur permet de percevoir une redevance proportionnelle au prix de revente de leur œuvre. Le droit de suite entendu comme avantage du prêteur sur garantie est une prérogative attachée au droit réel. [239]. Il permet au créancier qui en bénéficie de poursuivre le bien peu importe à qui appartient la propriété de ce bien et ce même si le bien a été cédé à un tiers détenteur.

D'après l'acte uniforme OHADA relatif au droit des sûretés, « le nantissement des droits de propriété

---

[239] T. Anelka, N. Forté, *Économie, droit, première STG, Sciences et technologies de la gestion*, Rosny-sous-bois, Bréal, 2005, p. 40.

intellectuelle confère au créancier un droit de suite qu'il exerce conformément aux dispositions de l'article 97 alinéa 2 du présent acte uniforme[240] ». L'article 97 alinéa 2 concerne les dispositions relatives au gage. Selon cet article, « lorsque le gage a été régulièrement publié, les ayants cause à titre particulier du constituant ne peuvent être regardés comme des possesseurs de bonne foi et le créancier gagiste peut exercer son droit de suite à leur encontre ». L'ayant cause à titre particulier est toute personne qui aura acquis de son auteur une fraction du patrimoine composée de droits et d'obligations. La lecture combinée de ces deux articles permet de comprendre que lorsque le nantissement des droits de propriété intellectuelle a été régulièrement publié, les ayants cause à titre particulier du constituant ne peuvent être regardés comme des possesseurs de bonne foi et le créancier nanti peut exercer son droit de suite à leur encontre.

En délimitant les tiers détenteurs aux ayants cause à titre particulier, le législateur OHADA exclut la possibilité de poursuivre la chose nantie entre les mains des héritiers. Or, le droit de propriété littéraire et artistique est un droit qui s'adresse aux auteurs, aux auxiliaires de la création et à leurs ayants droit. C'est un droit qui a vocation à vivre un certain nombre de temps après la mort des titulaires originaires. En présence d'un nantissement des droits de propriété littéraire et artistique, le droit de suite aux héritiers n'est pas censé s'appliquer. Il en est de même de la possession de bonne foi. Le possesseur est de bonne foi lorsqu'il possède, en vertu d'un titre dont il ignore les vices ou l'avènement de la clause résolutoire qui y met fin. Ce titre n'est pas nécessairement un acte ou un écrit, mais tout fait en vertu duquel le possesseur a reçu la chose qu'il détient. Ainsi, pour l'acheteur, le titre de possession est la vente ; pour le

[240] Article 161 de l'AUS.

légataire, c'est le leg[241]. En d'autres termes, le légataire est un possesseur de bonne foi.

Tout comme le droit de suite, le droit de préférence est un droit réel. C'est un avantage accordé à un créancier lui permettant un paiement prioritaire. Il est une dérogation au principe d'égalité entre les créanciers d'un même débiteur lors de la réalisation de la garantie.

B- La réalisation de la garantie

Le nantissement des droits de propriété intellectuelle confère au créancier « un droit de réalisation qu'il exerce conformément aux dispositions des articles 104 et 105[242] ». Les articles précités relatifs au gage renvoient à la vente et à l'attribution. Dans le cadre d'un recouvrement judiciaire, c'est-à-dire dans les démarches judiciaires mises en œuvre par le créancier pour récupérer les sommes qui lui sont dues, les opérations à la disposition du créancier sont la vente judiciaire et l'attribution judiciaire. Toutefois, la réalisation de la garantie se fait dans le respect d'un ordre de paiement.

À la lecture du classement émis par le législateur, il est indiqué que le nantissement apparaît en quatrième position. Cependant, un élément permet de ne pas considérer cette classification ainsi. Il est dit « *sans préjudice de l'exercice d'un éventuel droit de rétention ou d'un droit exclusif au paiement* ». La locution issue du droit « *sans préjudice de* » désigne « *sans porter atteinte à* », « *sans que renonciation soit faite* ». Le législateur prévoit donc que la distribution des deniers ne doit pas porter atteinte à l'exercice d'un éventuel droit de rétention ou d'un droit exclusif au paiement. Si le législateur OHADA ne dit pas clairement que le nantissement de créances confère au créancier nanti

---

[241] C. L. Bergeron, « La bonne foi et l'acquisition des fruits produits par la chose » dans *les cahiers de droit*, 2 (2), 158 – 167. https://doi.org/10.7202/1004106ar.

[242] Article 156 de l'AUS.

un droit exclusif au paiement en cas de pluralité de créanciers, il ressort en filigrane que ce droit est bien présent. La France est beaucoup plus claire sur la question. L'ordonnance du 23 mars 2006 a adopté un corps de règles spéciales au nantissement de créances qui donne à celui-ci un visage original, à mi-chemin du gage et de la propriété fiduciaire. Il peut en effet conférer au créancier nanti un droit exclusif au paiement, ce qui lui assure une efficacité comparable à celle de la cession fiduciaire[243]. En conclusion, dans un nantissement des droits de propriété intellectuelle et en présence de plusieurs créanciers, le prêteur sur garantie est classé en quatrième position. Si les parties ont convenu d'intégrer dans l'assiette du nantissement les fruits découlant de l'exploitation des droits de propriété intellectuelle, le prêteur sur garantie du fait de la créance nantie est en première position.

Dans le cadre d'un recouvrement extrajudiciaire, le législateur OHADA prévoit le pacte commissoire qui est la convention selon laquelle les parties décident que le bien sera attribué au créancier en cas de défaillance du débiteur[244]. L'arbitrage est l'une des méthodes alternatives de règlement qui correspond le plus à notre cas de figure car il a la particularité de faire intervenir un tiers ou plusieurs chargés de rendre une décision qui s'imposera aux parties. Dans le cas où la garantie veut être utilisée par le créancier en paiement, une décision qui s'impose est celle qui sied.

Si des règles de droit confèrent au prêteur sur garantie des prérogatives lui permettant de se faire attribuer l'actif de propriété intellectuelle ou d'obtenir sa vente, l'attribution et la vente de l'actif de propriété intellectuelle ne sont possibles que par la voie judiciaire ou par la voie

---

[243] Ordonnance N°2006-346 du 23 mars 2006 relative aux sûretés en France.

[244] Y. R. Kalieu Elongo, Droit et pratique des sûretés réelles OHADA, Yaoundé, Presses Universitaires d'Afrique, 2010 p. 38.

extrajudiciaire, dans le respect d'une évaluation ; évaluation qui est déjà nécessaire dès le départ, à la constitution du prêt.

Section 2 : Nécessité d'une évaluation des actifs de propriété intellectuelle

L'évaluation est l'action d'apprécier la valeur qui est ce que représente quelqu'un ou quelque chose quantitativement, financièrement, qualitativement ou symboliquement. L'évaluation met donc en jeu une capacité de jugement[245]. En tant qu'action, l'évaluation fait intervenir des méthodes. La méthode est une manière de mener selon une démarche raisonnée, une action, un travail, une activité. C'est un ensemble ordonné de manière logique de principes, de règles, d'étapes qui constitue un moyen pour parvenir à un résultat[246]. Le résultat souhaité est la détermination de la valeur. Les méthodes sont les moyens d'y parvenir. Présenter l'objectif à savoir la détermination de la valeur (Paragraphe 1) avant les méthodes d'évaluation (Paragraphe 2) nous semble logique.

Paragraphe 1 : La détermination de la valeur

Tout comme en matière des risques, dans notre étude, la valeur est juridique (A) et financière (B).

A- La valeur juridique

Le dictionnaire français définit la valeur juridique comme la validité d'un acte ou d'un document devant la loi. En fait, il s'agit de sa capacité à produire des effets de droit.

---

245 Centre de documentation de l'urbanisme, *L'évaluation des politiques publiques urbaines : dossiers documentaires*, 2000, p. 19.

246 P. Larousse, *Petit Larousse illustré, 1994 : en couleurs, 84.200 articles, 3600 illustrations, 288 cartes*, Larousse 1993, p. 652.

La valeur juridique renvoie à la validité du droit de propriété intellectuelle devant la loi. L'on peut aussi tenter de définir cette expression au regard des deux mots qui la compose. L'adjectif juridique renvoie au droit. La valeur est ce que représente quelque chose. La valeur juridique de l'actif de propriété intellectuelle pourra être comprise comme ce que représente l'actif de propriété intellectuelle sur le point de vue du droit. Les deux définitions tiennent pour ce travail et interviendront simultanément.

Lorsque le prêteur sur garantie décide d'accepter l'actif de propriété intellectuelle en nantissement, il faudrait déterminer sa validité devant la loi et sa portée au regard du droit. Ainsi, il faut s'assurer que le bien respecte les exigences légales ; qu'il ne tombera dans le domaine public avant la fin du crédit octroyé ; qu'il ait un bon système de défense et que sa valeur stratégique ne fasse l'ombre d'aucun doute. Tous ces éléments interviennent pour déterminer la valeur juridique. Arbitrairement, nous faisons le choix d'organiser cette partie au regard de la qualité de l'exclusivité (1) et la qualité de protection (2).

1- La qualité de l'exclusivité

Le non-respect des exigences légales entraîne la perte de la possession exclusive. Sa conformité donne une valeur stratégique à son titulaire. Les titulaires de droits de propriété intellectuelle ont l'obligation de respecter certaines exigences légales afin qu'ils conservent la possession exclusive sur leur bien. Les exigences légales dont il s'agit ne sont rien d'autre que le paiement des annuités et le renouvellement des titres.

Les droits rattachés à une demande de brevet ou à un brevet, à une demande de modèle d'utilité ou un certificat de modèle d'utilité sont maintenus en vigueur moyennant paiement des annuités au plus tard à la date d'anniversaire du dépôt[247]. Le terme « *annuité* » n'est pas utilisé pour les obtentions végétales, mais l'essence de la disposition est identique. Il est dit qu'afin de maintenir en vigueur le certificat d'obtention végétale, « une taxe annuelle doit être payée d'avance à l'organisation pour chaque année, la première un an après la date de délivrance du certificat[248] ». Le jour du dépôt est exclu[249]. Une annuité est encore recevable dans un délai de six mois à compter de sa date d'échéance moyennant paiement d'une pénalité de retard. Au-delà de ce délai de six mois, le délai est déchu.

Le renouvellement d'un titre est une procédure par laquelle le titulaire d'un titre manifeste sa volonté de conserver l'objet de son titre pendant une nouvelle période[250]. Cette nouvelle période varie en fonction des titres. S'agissant des marques, la période est de dix ans indéfiniment renouvelable[251]. Quant aux dessins et modèles industriels, le renouvellement n'est prévu que deux nouvelles périodes consécutives de cinq années[252]. Le renouvellement des brevets, des modèles d'utilité et des obtentions végétales se fait par le paiement des annuités comme il a été vu ci-dessus. Il est important de préciser que les schémas de configuration ne sont soumis à aucune procédure obligatoire de maintien en vigueur du droit

L'exclusivité qui découle du respect des exigences légales donne une valeur stratégique. La valeur stratégique

---

247 Articles 40 de l'annexe I relatif aux brevets d'invention, 35 de l'annexe II relatif aux modèles d'utilité de l'ABR.

248 Article 33 alinéa 2 de l'annexe X relatif aux obtentions végétales de l'ABR.

249 M. lebru Rollin, *Journal du palais : présentant la jurisprudence de la cour de cassation,* F. F. Paris, 1863, vol 74, p.119.

250 Lire A. Iladi, *Propriété intellectuelle : principes et dimension internationale,* Paris, L'Harmattan, 2005, p. 66.

251 Article 21 alinéa 1 de l'annexe III de l'ABR relatif aux marques.

252 Article 12 de l'annexe IV de l'ABR relatif aux dessins et modèles industriels.

est définie comme la valeur qu'un investisseur industriel est prêt à payer[253]. Nous comprendrons la valeur stratégique comme l'espérance de gain sur un actif de propriété intellectuelle. Cette espérance de gain, à ce niveau, est en rapport avec la protection juridique obtenue ; sa portée sur le point de vue du droit. La première espérance est sa capacité d'interdire à des tiers la reproduction des créations protégées. La propriété intellectuelle est un droit d'interdire. C'est un pouvoir d'interdiction qu'un détenteur d'une création impose à ses concurrents ou à tout tiers. La protection par la propriété intellectuelle interdit aux tiers de produire, de stocker et de vendre dans le pays où la création est déposée. L'avantage de l'espace OAPI est que c'est un espace composé de 17 États membres. Ainsi, le créateur en obtenant la protection dans cet espace a une exclusivité sur lesdits pays. Il évitera ainsi qu'un acteur concurrent de premier plan ne naisse et se développe sur ce marché. Il est en ce sens un droit de dissuasion.

En plus de sa capacité d'interdire, il faut tenir compte de sa capacité de barrage : la deuxième espérance. Les brevets de barrage permettent au titulaire d'empêcher les concurrents d'occuper les marchés[254]. Quelques-uns peuvent être exploités par le breveté, tandis que les autres protègent des variantes qui auraient pu être imaginées par des tiers afin de contourner les quelques brevets exploités. Il existe des situations dans lesquelles aucun des brevets pris n'est exploité[255]. L'objectif est de bloquer un rival dans une solution technique qui concurrence la solution

---

[253] https://www.lesechos.fr/finance-marché/vernimmen/valeur-strategique.

[254] R. Kiminou, *Économie et droit des affaires de la caraïbe et de la Guyane : contribution à la connaissance des droits et des économies de la caraïbe et de la Guyane*, Paris, Publibook, 2007, p.210.

[255] H. Kolnik, *La guerre des brevets : quelles stratégies ?* Mémoire de DESS en ingénierie de l'intelligence économique, Université de marne la vallée, 2002.

technique exploitée. Ainsi, interviennent des pratiques visant à empêcher d'autres entreprises de déposer des demandes de brevets ; des pratiques visant à créer une accumulation de brevets de défense portant sur une invention intéressante pour éviter l'empêchement de la concurrence et des litiges[256]. Les brevets défensifs ainsi accumulés visent à geler une technologie de substitution. On parle à ce niveau de grappe de brevets : la difficulté pour les concurrents de trouver une technologie propre ayant une protection propre.

Dans le domaine des marques, les marques associées sont des marques de barrage. L'étendue de la protection d'une marque concerne à la fois un signe et les produits et services couverts par ce signe. Pour accroître l'étendue de la protection d'une marque et empêcher les tiers de profiter gratuitement de sa notoriété, le déposant peut étendre sa demande à un certain nombre de marques similaires et inclure davantage de produits. Les marques associées renvoient à un groupe ou à une série de marques similaires enregistrées par le propriétaire de la marque pour des produits identiques ou similaires. À titre d'exemple, le groupe chinois « *wahaha* » a également enregistré les marques « *WAHAHA* », « *WA HA HA* ». À côté des marques associées, se trouvent les marques défensives. Celles-ci sont des marques identiques qu'un propriétaire de marque enregistre pour des produits ou des services dans de multiples classes. Tel qu'un bouclier protège, les marques défensives sont déployées pour étendre la protection des produits et services contre d'éventuelles atteintes. La

[256] OMPI, *Rapport sur la propriété intellectuelle dans le monde : le nouveau visage de l'innovation*, Genève, OMPI, 2011, p. 65.

marque chinoise « *LENOVO* » est protégée dans toutes les classes de produits et de services[257].

Sur le plan du droit, la portée de l'actif de propriété intellectuelle est sa capacité d'interdire, de barrer ou de se défendre. Toutefois, il y a des exceptions qu'il faut tenir compte lorsque l'on désire déterminer la valeur juridique de l'actif de propriété intellectuelle.

Il existe des exceptions aussi bien en propriété industrielle qu'en propriété littéraire et artistique. Les exceptions au monopole en propriété industrielle ne seront point analysées dans cette partie car à notre avis elles relèvent plus du risque. En effet, si leur existence peut découler de la loi dans certains cas, elle dépend d'une inaction, d'une faute, d'une absence de vigilance de la part du titulaire du droit de propriété intellectuelle. Par contre, les exceptions au monopole en propriété littéraire et artistique sont des exceptions que l'on peut qualifier d'office. Elles naissent dès la création de l'actif de propriété littéraire et artistique. Raison pour laquelle, elles jouent un rôle dans la détermination de la valeur juridique.

Le législateur OAPI a limité la libre utilisation des actifs de propriété intellectuelle à des cas précis. L'ampleur de la libre utilisation à des fins de citation[258] d'enseignement[259], d'information[260], à des fins judiciaires et administratives[261], ne doit pas dépasser celle justifiée par le but à atteindre et

---

[257] Administration Nationale Chinoise de la Propriété Intellectuelle, OMPI, *Notions fondamentales de propriété intellectuelle : questions - Réponses à l'usage des étudiants*, Beijing, CNIPA, OMPI, 2019, p. 59.
[258] Article 12 de l'annexe VII de l'ABR relatif à la propriété littéraire et artistique.
[259] Article 13 de l'annexe VII de l'ABR relatif à la propriété littéraire et artistique.
[260] Article 14 de l'annexe VII de l'ABR relatif à la propriété littéraire et artistique.
[261] Article 15 de l'annexe VII de l'ABR relatif à la propriété littéraire et artistique.

doit être conforme aux bons usages. En plus de la limitation, l'Accord de Bangui prévoit deux rémunérations dans le but de compenser l'utilisation libre des actifs de propriété littéraire et artistique, à savoir la rémunération pour copie privée et la rémunération équitable.

La copie privée est un système qui permet aux particuliers de copier des œuvres pour leur usage privé tout en rémunérant les créateurs. En contrepartie les auteurs, les artistes-interprètes et les producteurs de ces œuvres reçoivent une rémunération destinée à compenser le préjudice financier résultant de cette exception[262]. S'agissant de la rémunération équitable, il s'agit d'une licence obligatoire qui doit être payée lorsque de la musique enregistrée est diffusée dans un lieu accessible au public.

La rémunération pour copie privée et la rémunération équitable permettent de compenser les titulaires de droit de propriété littéraire et artistique sur l'utilisation de leurs œuvres. En ce sens, elles jouent un rôle dans la détermination de la valeur juridique du bien garanti. Bien qu'il existe des exceptions au monopole, il existe également des rémunérations légales.

La qualité de l'exclusivité nous permet de déterminer la valeur juridique de l'actif de propriété intellectuelle, tout comme la qualité de la protection.

2- La qualité de la protection

Le prêteur sur garantie doit s'assurer que le bien garanti est toujours dans la durée de protection légale et qu'il ne soit pas tombé dans le domaine public.

L'expression "*domaine public*" désigne les éléments de la propriété intellectuelle qui ne peuvent pas relever de la propriété privée et dont toute personne peut légalement

[262] http://www.copieprivee.org/la-copie-privee-cest-quoi/faq/.

utiliser le contenu[263]. Toute personne juridiquement a le droit de les utiliser ou les exploiter sans aucune restriction[264].

À titre d'exemple, d'après la réglementation internationale actuellement en vigueur, réglementation suivie par le droit OAPI, la durée de protection du brevet est de vingt ans à partir de la date de dépôt de la demande[265] à condition que les taxes de renouvellement ou de maintien en vigueur soient acquittées en temps voulu[266] et qu'aucune demande d'annulation ou de révocation n'ait abouti pendant cette période[267]. La durée de vingt ans, prévue correspond à la durée de vie juridique d'un brevet.

Il faut faire une différence entre la durée de vie juridique d'un brevet et sa durée de vie commerciale ou économique. « La durée de vie commerciale ou économique d'un brevet s'éteint si la technique sur laquelle porte le brevet est obsolète, si l'invention ne peut pas être commercialisée ou si le produit correspondant n'a pas eu de succès commercial[268] ». Dans tous les cas, le titulaire de brevet peut décider de ne pas s'acquitter des taxes, laissant ainsi le brevet arriver à son terme avant son expiration[269].

La valeur juridique doit être déterminée tout comme la valeur financière.

---

263 OMPI, *La propriété intellectuelle et les expressions culturelles traditionnelles ou expression du folklore,* Genève, OMPI, 2005, p.13.

264 OMPI, *Guide de fixation des savoirs traditionnels*, Genève, OMPI, 2019, p.13.

265 Article 9 de l'annexe I de l'ABR relatif aux brevets d'invention.

266 Article 39 de l'annexe I de l'ABR relatif aux brevets d'invention.

267 Article 40 de l'annexe I de l'ABR relatif aux brevets d'invention.

268 OMPI, *Inventer le futur : initiation aux brevets pour les petites et moyennes entreprises,* Genève, OMPI, 2006, p.27.

269 Loc. Cit.

B- La valeur financière

La valeur financière est ce que représente quelque chose en argent. C'est le prix estimé de quelque chose, sa valeur en argent[270]. C'est ce que vaut un bien selon l'estimation que l'on peut en faire à un instant donné.

« La valeur financière s'apprécie au travers de deux documents comptables de synthèse à savoir le bilan et le compte des résultats. Le bilan apprécie le patrimoine de l'entreprise ; le compte de résultat sa capacité à générer des profits[271] ». Ainsi, s'apprécie la valeur financière au regard du patrimoine (1) et au regard du compte de résultat (2).

1- La valeur financière fondée sur le patrimoine

La définition de la valeur financière fondée sur le patrimoine est définie à partir des comptes établis dans le bilan. Un compte de patrimoine se présente sous la forme d'un bilan dans lequel on inscrit à l'actif, les biens dont une unité est propriétaire ainsi que les créances qu'elle détient sur d'autres unités et au passif, les dettes qu'elle a contractées[272]. L'actif du bilan présente à la fois la valeur d'achat des biens et leur valeur actuelle, c'est-à-dire après déduction des amortissements ou plus-value réalisée.

La valeur d'acquisition peut être comprise tout d'abord comme le prix d'achat et des frais accessoires tels que les droits d'enregistrement ; ensuite, comme le coût de revient qui est basé sur les coûts directs de production avec la faculté d'inclure une quote-part des coûts indirects ainsi que les charges financières sous certaines conditions ; enfin, comme la valeur d'apposition[273].

---

[270] Sensagent, Thesaurus, *Dictionnaire de définitions et plus,* Encyclopédie en ligne, V° valeur financière, 2016.

[271] ***https://www.maxicours.com/se/cours/la-valeur-financiere/.***

[272] A. Pichot, *Compte national et modèle économique,* Paris, PUF, 1988, p. 54.

[273] G. Delvaux, H. Tronvills, J. L. Servais, S. Bastogne, C. H. De Streel, *Nouveau droit comptable belge et application pratique des normes IAS/*

La valeur actuelle est souvent comprise comme la valeur nette, la valeur après déduction des amortissements ou après plus-value réalisée. Nous comprenons cette valeur comme la valeur du marché, la valeur vénale. La valeur vénale est différente de la juste valeur et de la juste valeur du marché. La juste valeur est la valeur qui doit correctement compenser le propriétaire qui a été involontairement privé des revenus provenant de l'actif incorporel. On l'utilise en cas de contrefaçon, d'expropriation, de condamnation, mais aussi et surtout dans le contexte des IFRS[274]. La juste valeur de marché est le montant auquel le bien serait échangé entre une personne voulant vendre et une personne souhaitant acheter, lorsqu'aucune d'entre elles n'est soumise à une quelconque contrainte, ni celle de vendre, ni celle d'acheter, chacune d'elles ayant connaissance de ce que comprend la vente de l'état du bien, de ses utilisations possibles et des obligations qui y sont attachées, cette valeur étant équitable pour les parties en présence car ne lésant aucune d'entre elles ni par la négociation, ni par les termes de l'échange[275].

Contrairement au compte de résultat, le bilan ne reflète pas la capacité de l'entreprise à dégager des profits. Il reflète plutôt sa capacité à continuer à exister[276]. La valeur financière fondée sur le patrimoine se comprend au regard

---

IFRS, Bruxelles, Édition comptabilité et productivité, Gent universiteit, 2003, p. 182.

[274] (International financial reporting standards) qui sont depuis 2005 les normes comptables internationales. Elles ont remplacé les normes IAS (International accounting stards).

[275] P. Breesé, A. Kaiser, *L'évaluation financière des droits de propriété intellectuelle, brevets et actifs technologiques : évaluations financières des inventions et des innovations*, Issy les moulin eaux, Gualino/ L'Extenso, 2019, p. 204.

[276] INSEE, L'école française, *Compte et dossiers*, Paris, INSEE, 2008, p. 94.

du bilan. Celle fondée sur le revenu se comprend au regard du compte de résultat.

2- La valeur financière fondée sur le revenu

Le compte de résultat regroupe les sources d'enrichissement/ produits et d'appauvrissement/ charges relatives à une seule période[277]. Le compte de résultat met donc en relief l'ensemble des opérations d'une entreprise. Celles-ci sont réparties en deux groupes bien distincts à savoir les charges et les produits. En comptabilité, les ressources de l'entreprise sont appelées produits[278]. On distingue les produits en fonction de leur nature et du caractère principal, accessoire ou occasionnel. C'est ainsi qu'il existe les produits d'exploitation, les produits financiers et les produits extraordinaires.

Les produits d'exploitation découlent de la vente de bien et de services issus de l'exploitation classique, normale et habituelle de l'outil de production. Ces éléments circonscrivent l'ensemble de l'activité principale de l'entreprise[279]. Lorsque l'on parle de produits financiers, on y retrouve les produits des immobilisations financières, les produits des actifs circulants, c'est-à-dire les produits des créances à moins d'un an ou plus, des placements de trésorerie ainsi que des valeurs disponibles[280].

---

[277] S. Parienté, *Analyse financière et évaluation d'entreprise : méthodologie, diagnostic, prix d'offre,* Montreuil, Pearson Éducation, 2013, p. 5.

[278] T. Brunet, M. Combes, L. Le Goff, C. Mailhos, G. Thura, G. Vinogradoff, *Management des organisations : 1ere STG, Sciences et technologies de la gestion,* Rosny-sous-Bois, Bréal, 2005, p. 30.

[279] B. Apotheloz, A. Stettler, V. Dousse, *Théorie comptable et théorie des comptes*, Lausanne, Presses Polytechniques et Universitaires Romandes, 2007, p. 46.

[280] F. Guerra, *Comptabilité managériale : le système d'information comptable : 3 Règles d'évaluation,* Bruxelles, De Boeck et Larcier, 2003, p. 378.

Généralement, ce sont des revenus d'épargne et de placement (livret à la banque) perçus en contrepartie du placement temporaire de capitaux dans un établissement financier. Quant aux produits exceptionnels, ce sont les produits dont la nature n'est pas liée à l'exploitation (remboursement d'assurance par exemple) et démunis de caractère usuel ou récurrent[281].

Les actifs de propriété intellectuelle concédés en licence sont des produits d'exploitation. Ils sont des produits financiers lorsqu'ils font l'objet de placement sous forme de titres. La titrisation est une technique financière qui consiste à transférer à des investisseurs des actifs financiers peu liquides, c'est-à-dire pour lesquels il n'y a pas véritablement de marché, en valeurs mobilières[282]. On connaît moins les titrisations de droits de propriété intellectuelle. David Bowie, premier chanteur a transformé ses droits d'auteur en placement financier en lançant des titres obligataires gagés sur la musique, a été l'un des pionniers dans les années 90.

Les actifs de propriété intellectuelle peuvent être des produits exceptionnels. C'est le cas des revenus provenant des procès en contrefaçon. Quoique les produits exceptionnels soient des produits dont la nature n'est pas liée à l'exploitation et démunis de caractère usuel ou récurrent, beaucoup d'entreprises, par le biais des grappes de brevets ou des brevets de barrage ont fait des procès en contrefaçon, des revenus stables. Il existe des entreprises aux États-Unis, qui possèdent des portefeuilles de milliers de brevets qu'elles n'exploitent aucunement, mais qui leur servent à bloquer les marchés, faire du véritable terrorisme

---

281 https://pascalkermarrec.com/2018/03/31/la-valeur-financiere/.

282 J.C. Massera, *We are l'Europe : le projet wale*, Gallimard, 2009, p. 112.

judiciaire, du chantage[283] La commission européenne avait d'ailleurs décrié que la création de grappes de brevets par le dépôt de nombreux brevets pour le même médicament est une stratégie courante des laboratoires pharmaceutiques. Ceux-ci déposent un grand nombre de brevets additionnels sur des variations du même produit, généralement lorsque la validité du brevet principal est proche d'expirer. Il est donc plus difficile pour les fabricants de génériques de déterminer s'ils peuvent développer une version générique du médicament originel sans porter atteinte à l'un des nombreux brevets déposés[284].

La valeur financière fondée sur le revenu reflète la capacité de l'entreprise à générer des revenus. Les actifs de propriété intellectuelle à valeur réalisable contribuent à la détermination de celle-ci. Cependant, ceux à valeur implicite ne favorisent pas une détermination évidente. En effet, faisant seulement l'objet d'une utilisation interne, le prêteur sur garantie a l'obligation de comprendre quelle est leur valeur d'exploitation par le détenteur et quelle serait le cas échéant leur valeur de liquidation. C'est donc là où la difficulté réside. Il y a généralement une insuffisance des informations dans le domaine par l'entreprise demanderesse de crédit. En effet, les actifs incorporels n'apparaissent au bilan des entreprises que dans certaines circonstances bien définies.

Cette sous communication et le manque de visibilité augmentent l'asymétrie de l'information et empêchent une évaluation correcte de l'importance de ces actifs dans les

---

[283] V. De Moriame, R. Costa, Y. De Cordt, *La crise économique et financière de 2008-2009 : l'entrée dans le 21 ème siècle*, Bern, Peter Lang, 2011, p. 76.

[284] OMC, OMPI, OMS, *Promouvoir l'accès aux technologies médicales et l'innovation : intersection entre la santé publique, la propriété intellectuelle et le commerce*, Genève, OMC, OMPI, OMS, 2012.

performances des entreprises[285]. Raison pour laquelle, l'on a obligatoirement besoin de recourir aux modèles et normes d'évaluation.

Paragraphe 2 : Les méthodes d'évaluation des actifs de propriété intellectuelle

Celles-ci sont juridiques (B) et financières (A).

A- Les méthodes d'évaluation financières

Les méthodes d'évaluation financières des actifs de propriété intellectuelle sont traditionnelles (1) et modernes (2).

1- Les méthodes traditionnelles

Traditionnellement, les méthodes d'évaluation sont celles qui sont axées sur le marché, sur le coût et sur les revenus.

La méthode axée sur le marché est fondée sur la valeur d'actifs comparables sur le marché[286]. La valeur marchande est définie comme le prix de vente d'un produit sur le marché. De façon plus complexe, elle est la valeur d'un bien ou d'un service déterminé en mettant en balance l'offre et la demande au sein d'un marché caractérisé par des conditions de concurrence normales[287]. Le problème est qu'il n'existe pas de marché d'actifs de propriété intellectuelle dans le marché des biens et services. D'après cette méthode axée sur le marché, l'on devrait se servir des transactions des actifs de propriété intellectuelle

---

[285] OECD, *Le financement des PME et des entrepreneurs 2018*, Paris, OCDE, 2018, P.38.

[286] OMPI, *Inventer le futur – initiation aux brevets pour les Petites et Moyennes entreprises*, Genève, OMPI, 2006, p.37.

[287] France Conseil National de la comptabilité, *Plan comptable général*, Imprimerie Nationale, 1999, p.20.

comparables effectuées sur le marché comme base de calcul de la valeur de cet actif soumis à évaluation[288]. Cependant, chercher une transaction commerciale comparable est presque vain. Cela est dû non seulement à une incompatibilité mais aussi au fait que la propriété intellectuelle n'est en général pas conçue pour être vendue, que de nombreuses ventes ne constituent souvent qu'une petite partie d'une transaction plus importante et que des éléments demeurent extrêmement confidentiels. En conclusion, le faible nombre d'échanges et le manque de transparence concernant leurs caractéristiques rendent cette méthode faible et moins utile que d'autres.

La méthode fondée sur le coût consiste à déterminer la valeur de l'actif de propriété intellectuelle en calculant le coût que représenterait pour une entreprise l'élaboration[289] d'un actif analogue ou son acquisition à l'extérieur[290]. Ainsi, l'on fait généralement appel au coût historique et au coût de reconstruction. Le coût historique consiste à prendre en compte toutes les dépenses engagées pour aboutir à la constitution de l'actif de propriété intellectuelle évalué. Il s'agit des frais de recherche et développement directement affectés au projet ayant abouti à l'actif de propriété industrielle, des dépenses de propriété industrielle telles que les recherches d'antériorité, les taxes de dépôt et frais de maintien en vigueur dans les offices de propriété industrielle, ainsi que les débours directement affectés au projet. C'est généralement le cas des sous-traitances de travaux et d'études[291]. Quant au coût de reconstitution, il consiste à estimer les dépenses qu'il faut engager à la date

---

[288] OECD, 2006, Op. Cit., p.194.

[289] K. King, « La valeur de la propriété intellectuelle, de l'actif incorporel et du fonds de commerce » in *the valuation and exploitation of intangible Assets,* EMIS, Juin 2003.

[290] OMPI, *Inventer le futur – initiation aux brevets pour les Petites et Moyennes entreprises,* Genève, OMPI, 2006, p.37.

[291] P. Breesé, A. Kaiser, Op. Cit., p. 237.

de l'évaluation pour arriver à la constitution d'un actif de même niveau d'avancement et caractéristiques que celui faisant l'objet de l'évaluation[292].

En matière de brevet, la méthode des coûts est fondée sur le coût d'acquisition d'une invention brevetée résultant soit d'une réalisation interne, soit d'une acquisition externe. Elle s'appuie sur des calculs de coût de reproduction et de remplacement de cette invention. Malgré son potentiel d'application considérable dans d'autres contextes, la méthode des coûts n'est pas couramment appliquée à l'évaluation des brevets parce qu'elle ne tient pas compte de la valeur économique future des brevets qui sont évalués[293].

En matière de marque, la méthode des coûts revient à valoriser la marque, soit à partir de leurs coûts historiques de création, soit à partir de leur coût de reconstruction. La difficulté réside à définir les paramètres types de coûts à recenser, le nombre d'années d'investissement, coefficient à appliquer pour réduire l'importance des années les plus lointaines. L'approche par les coûts peut cependant présenter un intérêt quand l'objectif est d'acquérir une marque récente et bien protégée. Les coûts de dépôt de la marque constitueraient alors une référence[294].

L'approche par les coûts se fonde sur les principes économiques de substitution. De ce fait, la valeur diminuera s'il existe un nombre important de substituts. Elle augmentera si les substituts existants ne sont pas économiquement ou industriellement avantageuses. Cette approche présente un intérêt pour des actifs jeunes, n 'ayant

---

[292] idem, p. 240.

[293] OECD, 2006, Op. Cit., p.194.

[294] G. Lewi, J. Lacoeuilhe, A. S. Albert, *Branding management : la marque, de l'idée à l'action*, Montreuil, Pearson Éducation, 2007, p. 463.

pas encore donné lieu à une exploitation commerciale et dont il est difficile d'estimer les revenus futurs.

La méthode fondée sur les revenus, encore appelée méthode d'évaluation reposant sur des évaluations d'avantages économiques passés ou futurs, est axée sur le montant des recettes que pourrait percevoir le titulaire d'un actif de propriété intellectuelle pendant sa durée de vie[295]. Il est question de définir la valeur en mesurant la valeur actuelle des revenus économiques futurs générés par la possession du bien. Le principe est que tout actif de propriété intellectuelle doit être valorisé à partir des revenus qu'il est susceptible de générer. L'investisseur anticipe les revenus espérés. La valeur de l'actif est alors égale à la valeur actualisée des revenus futurs. Le problème réside au niveau de la fixation du taux d'actualisation. La méthode des flux de trésorerie actualisés permet de convertir des flux de revenu futur estimés en valeur actuelle pour actualisation de ces flux selon un certain taux appelé taux d'actualisation[296]. De façon simple, pour calculer la valeur future d'une somme, on effectue un calcul dit de capitalisation. Pour calculer la valeur actuelle d'une somme à percevoir, on effectue l'opération inverse, dite d'actualisation. À titre d'exemple, pour calculer la valeur actualisée d'un investissement, il faut additionner l'ensemble des flux (Année 1, année 2, année n) générés par l'investissement. C'est notamment le cas des investissements obligataires qui versent des intérêts tous les ans puis remboursent le principal à échéance[297]. Le taux d'actualisation correspond au taux qui permet de ramener

[295] OMPI, *Inventer le futur – initiation aux brevets pour les Petites et Moyennes entreprises,* Genève, OMPI, 2006, p.37.
[296] OECD, 2006, Op. Cit., p. 194.
[297]https://googleweblight.com/i?u=https://www.sicavonline.fr/index.cfm?action%3Ddef%26ida%3D492687-actualisation-et-capitalisation&hl=fr-CM.

l'argent du futur en argent d'aujourd'hui. Il appartient donc aux évaluateurs ou aux financiers de déterminer le taux d'actualisation qui peut être tiré d'un certain nombre de méthodes différents et qui reste dans une certaine mesure, subjectif.

Que l'on fasse appel aux méthodes axées sur le marché, sur les coûts ou sur les revenus, toutes ces méthodes ont des avantages et des inconvénients. C'est certainement dans le but d'aller au-delà des méthodes d'évaluation traditionnelles en considérant les spécificités, que de nouvelles méthodes ont vu le jour.

2- Les méthodes modernes

Ces nouvelles méthodes font intervenir le caractère qualitatif et quantitatif de l'actif de propriété intellectuelle.

Dans la détermination de ce que vaut une marque, il faut bien saisir la différence entre la valeur de cette marque, au regard de ce que les consommateurs pensent et projettent et sa valeur financière aux yeux du marché et des agents économiques[298]. Lorsque l'on parle de la place occupée par la marque dans l'esprit des consommateurs, il s'agit en fait de la perception de la marque par les clients en termes d'attributs, de promesses. Cela implique la notion de fidélité et de notoriété. Une grande fidélité procure un avantage concurrentiel indéniable alors qu'une grande notoriété décrit la force et la vitalité d'une marque sur son marché[299]. Si pour certains, la valeur d'une marque ne peut qu'être que subjective[300], l'on peut toutefois essayer de déterminer une valeur par la méthode quantitative - qualitative.

---

[298] P. Bouchet, D. Hillairet, *Marques de sport : approches marketing et stratégique,* Louvain-la-Neuve, De Boeck, 2009, p. 92.

[299] G. Michel, J. F. Vergne, « L'évaluation du capital - marque des e-brand : étude exploratoire » *Décision marketing*, N°34, 2004.

[300] G. Jacquot, « Marques et brevets : quelle valeur ? » in *La revue des marques*, N°46, Avril 2004, pp. 18-20.

Concernant la marque, il est question d'une évaluation multicritère allant de la force de la marque (leadership du marché actuel, influence de la marque dans la décision d'achat, qualité de l'image et de la notoriété, force du produit, potentiel d'extension de la marque, potentiel d'internationalisation, protection juridique, capacité de l'entreprise) à d'autres approches plus subjectives d'indicateurs de santé de la marque comme par exemple le degré d'autonomie ou de séparabilité de la marque par rapport à l'entreprise qui est titulaire[301]. Quant au caractère quantitatif, nous l'avons vu plus haut avec la méthode fondée sur les coûts. Une autre méthode quantitative est souvent utilisée : la méthode du bénéfice. Cette méthode consiste à valoriser la marque en multipliant le bénéfice de l'entreprise par un coefficient. « Cette méthode est similaire à celle du PER[302] que l'on utilise pour valoriser les entreprises. Toutefois, cette méthode trouve sa légitimité dans le fait qu'il est souvent possible d'identifier le PER applicable à l'entreprise à évaluer en se référant aux PER boursiers ou aux PER constatés lors de transactions. Or, il n'existe pas de références boursières et les références de transaction ne portant que sur les marques sont très rares. Le choix du coefficient est ainsi nécessairement subjectif[303] ».

De ce qui précède, de nombreuses variables telles que la capitalisation boursière ou encore les bénéfices sur les dernières années entrent en ligne de compte, de même que des variables qualitatives (notoriété, image, taux de satisfaction, fidélité des clients, sensibilité aux prix des

---

301 D. Kaermarcher, T. Stamos, *Brevets, marques, droit d'auteur... Mode d'emploi*, Liège, Edipro, 2009, p.220.

302 Price Earning Ratio.

303 G. Lewi, J. Lacoeuilhe, A. S. Albert, Op. Cit.

produits)[304]. De nombreuses méthodes d'évaluation de la marque ont vu le jour. Celles-ci ont permis de reconnaître la marque en tant que facteur de différenciation, mais aussi en tant qu'élément dont on peut différer la rentabilité. Ces méthodes se fondent sur le marché, les coûts, les revenus futurs actualisés. Elles se basent également sur l'utilisateur d'indicateurs.

La méthode d'évaluation de marque d'Interbrand est la première à être reconnue par l'International Standards Organization (ISO) qui lui accorde la certification ISO 10668. Cela ne veut nullement dire qu'il n'existe pas d'autres méthodes d'évaluation de marques, mais que, celle d'Interbrand semble plus complète. Nous pouvons citer la méthode d'évaluation de la marque d'Aaker qui identifie cinq critères déterminants : la fidélité de la marque, la notoriété de la marque, la qualité perçue, les associations à la marque et les autres actifs de la marque. Cependant, ce modèle n'exprime pas la valeur de qualité. La méthode de Keller stipule que la valeur est liée à la connaissance de la marque et basée sur la comparaison avec un produit sans marque de la même catégorie du produit. Quant à la méthode d'évaluation de marque de Kapferer, la valeur d'une marque est basée sur un contrat tacite entre la marque et ses clients. Malheureusement, ce modèle n'envisage pas certains facteurs qui peuvent exercer un effet de retard sur la croissance de valeur de marques[305]. Toutes ces méthodes précitées ont l'inconvénient de ne pas considérer le caractère quantitatif de l'évaluation. Le modèle d'évaluation d'Interbrand a voulu y remédier.

---

[304] J. M. Lehu, « Valeur et valeurs de la marque » in *Revue des marques*, N°52, Octobre 2005, p. 6-9.

[305] A.-L. Farjaudon, L. Jaoued - Abassi, « Valeur marketing et valeur financière de la marque : vers un modèle intégrateur », *Congrès international sur les tendances du marketing*, Venise, Jan 2010, pp. 4-5.

Parlant des brevets, les méthodes d'évaluation sur des facteurs tels que le poids et l'étendue des droits de brevet et leur validité juridique ont souvent servi à assurer la gestion interne des brevets, en raison de leur relative simplicité par rapport aux méthodes d'évaluation quantitative. Par exemple, les experts ont étudié différentes méthodes économiques telles que celles fondées sur les données concernant les citations, les données sur le renouvellement et les estimations de valeur par les titulaires de brevets. Aux États-Unis, l'on a utilisé le nombre de brevets pondérés par le nombre de citations pour construire un indicateur de la qualité et ainsi démontrer que les brevets faisant l'objet de citations nombreuses sont hautement prisés par les marchés. Les entreprises qui possèdent des brevets très fréquemment cités font apparaître une augmentation de la valeur de cinquante pour cent par rapport aux entreprises ayant le même niveau de Recherche – Développement et de brevets mais avec un volume moyen de citations[306].

La qualité d'un brevet renvoie également à la façon dont est effectué l'examen de brevetabilité. Un examen de qualité induit une très forte présomption de validité et une faible probabilité d'annulation devant les tribunaux[307]. En effet, la prolifération des brevets déposés et délivrés dans les principaux systèmes de propriété intellectuelle et la multiplication du nombre de litiges et de procès ont fait peser des doutes sur la qualité des brevets[308]. C'est certainement pour améliorer la qualité des brevets que les américains, par une loi fédérale, ont renforcé la procédure

---

306 OECD, 2006, Op. Cit., p.194.

307 R. Lallement, « Politique des brevets : l'enjeu central de la qualité face à l'évolution des pratiques », in *Revue trimestrielle du Centre d'analyse Stratégique*, N°7, Janv - Mars 2008.

308 B. La perche, *Le capital savoir de l'entreprise*, Londres, Éditions ISTE, 2018, p. 108.

d'examen. Cette loi représente le changement le plus significatif pour le système des brevets américains[309].

Les méthodes financières permettent de déterminer la valeur financière. Les méthodes juridiques permettent de déterminer la valeur juridique de l'actif de propriété intellectuelle.

B- Méthode juridique : l'audit de propriété intellectuelle

L'audit de la propriété industrielle consiste à analyser et à évaluer les éléments de propriété industrielle[310]. Par extrapolation, l'on peut dire que l'audit de propriété intellectuelle consiste à analyser et évaluer les actifs de propriété intellectuelle. C'est un examen professionnel d'une information en vue d'exprimer sur cette information, une opinion responsable et indépendante[311]. Ainsi, l'audit fait intervenir une revue documentaire (1) avant toute analyse (2).

1- Revue documentaire

La revue documentaire consiste à recueillir les informations nécessaires à la détermination de la valeur juridique. Ces informations vont du portefeuille de propriété intellectuelle aux contrats passant par les documents techniques.

Pour réaliser ses activités (agricoles, industrielles, commerciales, de prestation de services), une entreprise utilise obligatoirement les contrats : contrat de travail, contrat de l'entreprise. Les clauses qu'il faille vérifier pour

---

309 Leahy Smith America Invents Act, 2011.

310 J. Warcoin, « L'audit de la propriété industrielle », *la jaune et la rouge : la revue de la communauté polytechnicienne*, Novembre 2012, N°679.

311 M. L. Houssaini, *L'audit interne opérationnel et financier : les fondements et les techniques,* Collection Auditor, 1999, p. 112.

déterminer la valeur juridique sont les clauses de confidentialité, les clauses de non concurrence et les clauses de propriété des créations des salariés.

Certaines entreprises peuvent avoir des cahiers de charges et des cahiers de laboratoire. Tout auditeur doit procéder à un recueillement de tous ces documents dans le but de mener à bien sa mission. Dans le domaine de la propriété intellectuelle, le cahier de charges se retrouve dans les indications géographiques. Il définit précisément la zone de production, les conditions de production ainsi que les caractéristiques du produit[312]. Il se retrouve également dans les concessions des droits de propriété intellectuelle. En effet, les droits de propriété intellectuelle, objet de la concession, peuvent se voir transférer par les cahiers de charge qui sont de plus en plus des contrats d'adhésion, ne permettant rarement au concessionnaire d'en récuser le contenu[313].

Le cahier de laboratoire quant à lui, est un outil de traçabilité des travaux de recherche pour les laboratoires et les Petites et Moyennes Entreprises innovantes. Il constitue le rapport écrit de toutes les activités du chercheur (protocoles, expériences, résultats, idées d'expérimentations). Il permet d'avoir le détail des travaux, de l'idée de départ à la conclusion Ce cahier permet de conserver les données expérimentales et les observations des travaux de recherche. Le cahier de laboratoire doit être rédigé de façon à ce qu'un autre chercheur puisse avec ces indications reproduire et aboutir au même résultat[314]. Méthode d'évaluation, il doit être conçu comme un carnet

---

[312]D. Roca, *Le démantèlement des entraves aux commerces mondial et intracommunautaire*, Paris, L'Harmattan, 2007, p. 77.

[313] C. Blaizot-Hazard, Op. Cit., p. 116.

[314] M. F. Celarier, D. Marie - Vivien, *Les droits de propriété intellectuelle : guide pratique*, Montpellier, CIRAD, 2002, p. 15.

de bord[315]. Il peut se révéler être un excellent atout juridique pour prouver une antériorité voire être une très bonne base pour la rédaction d'un brevet. La tenue d'un cahier de laboratoire facilite la rédaction d'articles, de rapports, de notes techniques, de description de brevet. Les informations enregistrées dans le cahier de laboratoire peuvent être utilisées pour planifier les nouvelles recherches[316]. Il permet, entre autres, d'assurer la traçabilité des connaissances, d'estimer précisément les contributions scientifiques et techniques de chacun dans le cadre de partenariats, ou encore d'évaluer l'opportunité d'une protection des résultats par un dépôt de brevet[317].

En tant que méthode, l'audit est une démarche pour atteindre un résultat. En cela, il fait appel préalablement à une revue documentaire avant toute analyse.

2- L'analyse de la revue documentaire

L'analyse de la revue documentaire consiste à répondre à deux questions. Existe-t-il une protection ? Existe-t-il un droit ?

Dans le cadre de l'audit de propriété intellectuelle, l'auditeur cherchera à savoir s'il existe une protection non privative contractuelle et une protection privative.

Parlant de la protection non privative contractuelle, il est question de vérifier l'existence des clauses contractuelles telles que la clause de confidentialité, la clause de non concurrence. S'agissant de cette dernière, le travailleur peut se voir interdire d'exercer pour son compte ou celui d'autrui, une activité de nature à concurrencer son employeur, mais

---

[315]D. Galiana, *L'approche expérimentale en biologie : améliorer sa pratique d'enseignant,* Limoges, Educagri, 2002, p. 196.

[316] Lire I. M. Koum Dissake, *L'audit de la propriété intellectuelle : contribution à l'étude sur la normalisation de la propriété intellectuelle dans l'espace OAPI*, Éditions Européennes Universitaires, 2013.

[317]htpp://www.inpi.fr/la-pi-pour-vous/laboratoire-ou-chercheur/le-cahier-de-laboratoire.html.

seulement si le contrat a été rompu à la suite d'une faute lourde de sa part ou à la suite de sa démission. La clause ne peut jouer que si elle a été expressément stipulée au contrat et l'interdiction d'emploi ne s'applique que dans un rayon géographique autour du lieu du travail et pendant une période maximum[318]. La présence des clauses est nécessaire pour déterminer la valeur juridique des actifs de propriété intellectuelle.

Quant à la protection privative, existe-t-elle ? L'existence d'une protection privative revient à s'assurer que les actifs de propriété industrielle, objet de la garantie, aient obtenu leur protection légale par le respect des procédures d'obtention des titres de propriété intellectuelle. Pour les actifs de propriété littéraire et artistique exempts de toutes formalités, le respect des conditions de validité est obligatoire.

Si la protection privative existe, encore faudrait-il que cette protection soit bonne. La précision en vaut la peine, notamment en matière de brevet. Il faut avoir conscience que le rapport annuel d'une société cible ou à auditer peut indiquer l'existence d'un ou plusieurs brevets sans pour autant que ces brevets protègent effectivement la technologie que l'acquéreur convoite ou utilise. Il se peut en effet que l'examinateur de l'office des brevets ait trouvé des antériorités pertinentes contraignant le breveté à limiter fortement la portée de la protection conférée par son brevet. Que penser alors de la valeur d'une entreprise technologique dont les brevets ne protègent pas son produit phare ? La portée juridique d'un brevet est définie par ses revendications, succession de petits paragraphes rédigés dans un jargon technico-juridique. En d'autres termes, pour déterminer si la technologie de l'entité cible est efficacement protégée par ses brevets d'invention, l'auditeur devra tout d'abord comprendre la technologie et analyser

[318] Article 31 du code du travail camerounais.

ses brevets afin de contrôler l'adéquation produits/protection.

Il ne suffit pas pour une entreprise d'avoir une protection sur ses actifs, mais de s'assurer de la possession du droit. La question ici est celle de savoir si la personne auditée a un droit (droit de propriété, droit d'exploitation) sur les actifs protégés qu'elle apporte en garantie du contrat de prêt. L'auditeur de propriété intellectuelle mène au cours de cette recherche un contrôle de titularité. Cette question soulève dans un premier temps, la qualité du titulaire originaire. Le principe est le suivant en matière de propriété industrielle. Le titulaire d'une création industrielle ou d'un signe distinctif est le premier déposant d'après les annexes de l'Accord de Bangui. En matière de propriété littéraire et artistique, la donne est différente. Selon cette branche de la propriété intellectuelle, le droit aux créations littéraires et artistiques ne provient pas d'un dépôt, mais de la création. Le créateur est le titulaire du droit. Dans un second temps, elle soulève la qualité du titulaire du droit d'exploitation. Il s'agit du licencié. Celui-ci dispose-t-il d'une licence exclusive, non exclusive ou mixte ?

La question de la titularité n'est pas le seul aspect de l'existence d'un droit. Il convient de s'assurer que le droit sur l'actif n'est pas en copropriété, gage ou nantissement.

Les actifs de propriété intellectuelle peuvent se financer d'eux-mêmes. On parle de financement par les actifs de propriété intellectuelle. Les financeurs qui apportent les capitaux en utilisant les actifs de propriété intellectuelle sont les prêteurs sur garantie et les exploitants.

Chapitre 4
L'objectif visé par les exploitants

La langue française définit l'exploitant comme une personne morale ou physique qui fait fonctionner une exploitation. L'exploitation est un bien, une affaire exploitée. L'exploitation est aussi l'action d'exploiter, de faire valoir, de tirer profit de quelque chose.

L'exploitant en propriété intellectuelle est celui qui tire profit des actifs de propriété intellectuelle. Cette personne est le titulaire de l'actif de propriété intellectuelle. Il dispose du droit exclusif d'exploiter l'actif de propriété intellectuelle. Cette exclusivité lui permet d'exploiter son bien et d'autoriser des tiers à l'exploiter gratuitement ou à titre onéreux. L'exploitant est donc le titulaire de l'actif de propriété intellectuelle ou celui qui a reçu par le titulaire de l'actif la propriété intellectuelle le droit d'exploiter l'actif de propriété intellectuelle.

L'exploitant peut être aussi la personne physique ou morale, qui fait fonctionner un bien. Les auteurs autorisent les intermédiaires à exploiter leurs œuvres et le public à les réutiliser. Ces intermédiaires qui sont appelés les organismes de gestion collective participent au fonctionnement des actifs de propriété littéraire et artistique. Ils les financent.

L'objectif visé par les exploitants dans le financement de la gestion des actifs de propriété intellectuelle est l'exploitation via les contrats de propriété intellectuelle (Section 1) et l'exploitation via la gestion collective des droits d'auteur et droits voisins (Section 2).

Section 1 : L'exploitation via les contrats de propriété intellectuelle

Les principaux contrats de propriété intellectuelle, touchant aussi bien la propriété industrielle que la propriété littéraire et artistique, sont la cession et la licence. Ce sont les actes de disposition permettant au titulaire d'actifs de propriété intellectuelle de se financer au travers de leurs actifs de propriété intellectuelle. La cession est en fait une vente (Paragraphe 1) et la licence, une location (Paragraphe 2).

Paragraphe 1 : La vente des actifs de propriété intellectuelle

La vente est la convention par laquelle une partie s'engage à livrer une chose moyennant le paiement du prix par l'autre partie. Elle peut être directe (A) comme indirecte (B) et suppose le transfert de propriété d'une chose contre paiement du prix.

A- La vente directe

La vente directe des actifs de propriété intellectuelle est une vente sans intermédiation des actifs de propriété intellectuelle. Cela suppose une vente entre le titulaire des actifs de propriété intellectuelle et les acquéreurs. Elle peut consister en une vente simple (1) ou en un échange (2).

1- La vente simple

Les actifs de propriété littéraire et artistique sont caractérisés par les droits moraux et les droits patrimoniaux appartenant aux auteurs et aux auxiliaires de la création. Les droits moraux (droits de divulgation, de paternité, de retrait, de respect de l'œuvre) sont incessibles. Ils ne peuvent faire l'objet d'une vente. Par contre, les droits patrimoniaux peuvent être vendus.

Si les droits moraux ne peuvent faire l'objet d'une vente, les droits patrimoniaux le peuvent. Ainsi, les actifs de propriété littéraire et artistique peuvent être vendus, à condition que ce soit les droits patrimoniaux qui sont l'objet de la vente. En matière de vente d'actifs de propriété industrielle, la règle est toute autre. À la lecture de l'Accord de Bangui, tous les actifs de propriété industrielle pouvant appartenir à une personne morale ou physique peuvent être vendus.

Les indications géographiques ne peuvent faire l'objet d'une vente car elles n'appartiennent à aucune personne. « Le nom commercial ne peut être cédé ou transmis qu'avec l'établissement commercial, industriel, artisanal, ou agricole, ou la partie dudit établissement désigné sous ce nom[319] ». « Le certificat d'obtention végétale peut être cédé ou transmis par voie successorale[320] ». La vente n'est donc pas autorisée dans le cadre d'une cession de certificat d'obtention végétale. La vente du nom commercial n'est possible qu'avec le fonds de commerce.

Les autres actifs de propriété industrielle peuvent faire l'objet d'une vente sans aucune condition. Trois actifs de propriété industrielle peuvent être cédés dès la demande d'enregistrement. « Les droits attachés à une demande de brevet d'invention, ou à un brevet sont transmissibles en totalité ou en partie[321] ». Le même principe s'applique pour les modèles d'utilité[322] et les schémas de configuration[323]. « Les droits attachés à une marque sont transmissibles en

[319] Article 15 de l'annexe V de l'ABR relatif au nom commercial.

[320] Article 39 alinéa 1 de l'annexe X de l'ABR relatif aux obtentions végétales.

[321] Article 33 alinéa 1 de l'annexe I de l'ABR relatif aux brevets d'invention.

[322] Article 28 de l'annexe II de l'ABR relatif aux modèles d'utilité.

[323] Article 18 alinéa 1 de l'annexe IX de l'ABR relatif aux topographies des circuits intégrés.

totalité ou en partie[324] ». Il en est de même des droits attachés à un dessin ou modèle industriel[325]. Le législateur ne prévoit pas une possibilité de vendre la marque et le dessin ou modèle industriel dès la demande d'enregistrement, uniquement dès l'enregistrement. En plus, force est de constater que le législateur, parlant de la cession des droits de propriété intellectuelle, utilise l'expression « *tout ou partie des droits* ».

Au chapitre précédent, l'expression « *tout ou partie des droits* » a été longuement présentée lorsque nous évoquions le nantissement des droits de propriété intellectuelle. En matière de propriété industrielle, « *tout* » le droit de propriété industrielle se comprend aisément. La difficulté réside lorsque l'on dit « *partie* » du droit de propriété industrielle. La typologie de la propriété qui consiste à la structure usus – fructus – abusus ne semblait pas être celle adéquate lorsque le législateur OHADA parlait du nantissement de tout ou partie des droits de propriété intellectuelle. En effet, étant donné que les fruits découlant de l'exploitation ne sont pas compris dans l'assiette du nantissement, il était difficile pour nous de considérer que le législateur OHADA avait en esprit, la typologie de la propriété usus – fructus – abusus. Nous avons pensé comme certains auteurs que la partie du droit de propriété intellectuelle qui pouvait être nanti est un droit de fabrication ou un droit de commercialisation.

Cependant, en ce qui concerne la cession d'une partie du droit de propriété intellectuelle, la typologie de la propriété usus – fructus – abusus doit être celle que le législateur a en esprit. Ainsi, le titulaire d'un actif de propriété intellectuelle peut céder son usus, son fructus, ou son abusus sur l'actif de propriété intellectuelle. L'Abusus ou « *jus aabutindi* »

---

[324] Article 26 de l'annexe III de l'ARB relatif aux marques.

[325] Article 20 de l'annexe IV de l'ARB relatif aux dessins et modèles industriels.

est le droit de disposer de la chose. L'usus ou « *Jus utendi* » est le droit de se servir de la chose. Le fructus dit « *jus utendi* » et « *fruendi* » est le droit d'en user et d'en percevoir les fruits.

Comme toute vente, le transfert de la propriété fait suite à un paiement du prix. Le prix de la vente doit être déterminé. Le prix est déterminé et la vente valablement formée dès lors que les parties sont convenues du montant d'une somme d'argent. Le prix fixé, il doit être payé. Le paiement du prix matérialise le financement. Le financement par les actifs de propriété intellectuelle peut consister en un financement par la vente des actifs de propriété intellectuelle, mais aussi par l'échange.

2- L'échange

L'échange est le premier contrat qui ait existé au commencement du monde. La vente n'est venue qu'après. Le contrat d'échange a de la ressemblance avec le contrat de vente. Il tenait lieu de contrat de vente avant qu'on eût inventé l'usage de la monnaie, qui a donné naissance au contrat de vente. Deux techniques peuvent être utilisées pour échanger les actifs de propriété intellectuelle : le troc des actifs de propriété intellectuelle et le contre-achat des actifs de propriété intellectuelle.

De prime abord, comme il n'y a point de contrat de vente sans prix, il n'y a pas non plus de contrat d'échange, si les deux choses qui en sont l'objet, ne deviennent respectivement la propriété des échangistes. La première conséquence est qu'il n'y a pas de contrat d'échange si l'un des deux échangistes donne à l'autre une chose qui ne lui appartient pas. La seconde conséquence qui découle de la première est que si l'un des deux échangistes vient à être évincé, le contrat d'échange qui jusqu'alors avait paru valable et entièrement consommé se trouve n'avoir jamais existé réellement et doit être considéré comme non avenu.

Le contrat d'échange est nul dans son principe, faute de la qualité de propriétaire dans la personne de l'un d'échangiste. Le tiers qui a acquis de l'échangiste n'a réellement rien acquis et l'échangiste évincé peut exercer contre lui la revendication[326].

Le troc des actifs de propriété intellectuelle consiste à échanger les actifs de propriété intellectuelle contre une chose de même valeur. La chose échangée a fonction d'un paiement par nature. Raison pour laquelle, le troc est considéré comme une opération de compensation à caractère financier. La chose est tout objet concret par opposition aux êtres animés. Elle peut être matérielle comme immatérielle. La chose immatérielle est celle qu'on ne peut voir, qu'on ne peut toucher. De la même manière que les actifs de propriété intellectuelle sont des choses immatérielles, elles peuvent faire l'objet d'un échange avec les choses immatérielles, à l'instar des droits sociaux.

Littéralement le mot « *contre-achat* » signifie « *en échange d'un achat* », quelque chose en échange d'un achat, une vente en échange d'un achat. À la différence du troc qui est une opération de compensation à caractère financier, le contre-achat est une opération de compensation à caractère commercial. Dans le domaine de la propriété intellectuelle, précisément en cas de transfert de technologie, l'on peut se retrouver dans un contre-achat.

Les transferts de technologie sont souvent recensés dans la rubrique des échanges technologiques[327]. « Le transfert technologique est le processus désignant le transfert formel à l'industrie de découvertes résultant de la recherche universitaire ou privée dans le but de les commercialiser

[326] P. A. Merlin, *Répertoire universel et raisonné de jurisprudence*, Bruxelles, Tarlier Librairie Éditeur, 1826, p. 412.
[327] J. Perrin, *Les transferts de technologie*, La découverte/ Maspero, 1983, p. 16.

sous la forme de nouveaux produits et/ou services[328] ». Ne sont pas considérés comme transfert de technologie, ni la simple vente d'un matériel accompagné de son mode d'emploi, ni le simple transfert[329]. Un transfert de technologie est la vente et l'achat d'un savoir technique[330]. La technologie est échangée contre une autre technologie ou contre des services[331].

L'accord de rachat de production, « *buy-back* », est une forme particulière du contrat de contre-achat, où le vendeur de biens d'équipement ou le bailleur d'une licence reçoit en paiement de l'acheteur des produits finis ou semi- finis qui ont été fabriqués à l'aide de l'équipement vendu ou de la licence concédée. Les produits de compensation sont dans ce cas des biens résultants de l'opération de la vente initiale[332]. L'accord de rachat de production qui est une composante du contre-achat se fait dans le cadre d'un transfert de technologie. Dans notre cas de figure, le titulaire d'une création technique, à l'instar des brevets et modèles d'utilité, vend sa création technique à un exploitant, à charge pour celui-ci de lui revendre les produits fabriqués grâce à cette création technique. Le contre-achat, précisément l'accord de rachat de production, est une technique de financement par nature. Elle est une

---

[328] D. N. Beaudry, *Chaîne de valorisation des résultats de la recherche universitaire recelant un potentiel d'utilisation par une entreprise, ou par un autre milieu*, Conseil de la science et de la technologie, 2006, p. 7.

[329] H. Stossens, « Transfert de technologie et formation » dans *l'entreprise et l'homme, Revue de l'association chrétienne des dirigeants et cadres*, Vol. 55, 1983, p. 81.

[330] O. Castel, *L'électronique dans le développement industriel du Mexique*, Éditions de l'ORSTOM, 1991, p. 280.

[331] T. Steiman, *Les transferts de technologie et de marque en droit fiscal international,* Polygraphisch, 1991, p. 114.

[332] T. Sauvin, « Modalités et fonction des accords de compensation internationaux : les cas des relations Nord - Sud », *Revue Tiers monde*, Paris, PUF, 1995, p. 899.

technique que l'on classe parmi les ventes directes, à côté du troc et de la vente simple.

S'il est de règle générale de vendre les actifs de propriété intellectuelle directement, ceux-ci peuvent également être vendus indirectement.

La vente indirecte est une vente avec intermédiation des tiers. En d'autres termes, la convention par laquelle une chose est livrée en contrepartie du paiement d'un prix est réalisée au travers d'un canal avec l'aide des intermédiaires. Les canaux de vente indirecte ainsi que les intermédiaires dans les ventes existent.

B- La vente indirecte

Les intermédiaires du marché de la technologie existent depuis longtemps. Déjà dans les années 1800 et au début des années 1900, les agents des brevets et les avocats jouaient un rôle important en cela qu'ils faisaient coïncider les besoins de financement des inventeurs avec ceux des investisseurs en mettant en relation les vendeurs d'invention avec les acheteurs potentiels. Outre les formes plus traditionnelles, de nouveaux mécanismes de collaboration en matière de propriété intellectuelle ont fait leur apparition : échanges, ventes aux enchères, courtages, modèles d'accord cadre pour les brevets[333]. Les marchés de la propriété intellectuelle peuvent prendre différentes formes : centres d'échanges de brevets, enchères de brevets, marché des licences, bureaux de transfert de technologie des universités qui octroient des licences sur des brevets universitaires et souvent le transfert de connaissances connexes[334].

---

[333] OMPI, *Rapport sur la propriété intellectuelle dans le monde : le nouveau visage de l'innovation,* Genève, OMPI, 2005, p. 77.

[334] OECD, *La stratégie de l'OCDE pour l'innovation pour prendre une longueur d'avance,* Paris, OECD, 2010, p. 170.

Autrefois, les actifs de propriété intellectuelle ne pouvaient être vendus au travers des intermédiaires mais depuis un certain nombre d'années, précisément aux États-Unis, la vente indirecte des actifs de propriété intellectuelle est conséquente. Si dans l'espace OAPI, nous n'avons pas trouvé de cas, le principe est tout de même admis, étant attendu que la vente indirecte est autorisée. La vente indirecte des actifs de propriété intellectuelle peut supposer une vente aux enchères (1) ou un courtage d'actifs de propriété intellectuelle (2).

1- La vente aux enchères des actifs de propriété intellectuelle

Une vente aux enchères est une vente ouverte au public lors de laquelle le bien vendu est adjugé au plus offrant. Le bien vendu qui nous intéresse est l'actif de propriété intellectuelle. La fixation du prix n'est pas déterminée par les parties, c'est-à-dire entre le détenteur de l'actif de propriété intellectuelle et l'acheteur, futur exploitant. Le prix est proposé lors de la vente et l'enchère est l'offre d'achat supérieure au prix proposé lors d'une adjudication. L'adjudication est un acte juridique par lequel on met des acquéreurs ou des entrepreneurs en libre concurrence.

La vente aux enchères des actifs de propriété intellectuelle est très peu pratiquée. Il faut le dire. Bien que ce ne soit pas une pratique courante, elle existe tout de même. Il existe des cas d'actifs de propriété intellectuelle qui ont été vendus aux enchères. Il est vrai que ces ventes ont été effectuées dans d'autres continents, à l'instar de l'Amérique et de l'Europe et que nous n'avions pas trouvé de vente aux enchères d'actifs de propriété intellectuelle dans l'espace OAPI. Cependant, il n'est pas interdit pour les titulaires d'actifs de propriété intellectuelle de proposer à la vente aux enchères leurs actifs de propriété intellectuelle en passant par des plateformes étrangères. La première plateforme à avoir organisé les ventes aux enchères des actifs de propriété intellectuelle est une entreprise américaine du nom d'Ocean Tomo. Ont été vendus des actifs de propriété industrielle, tout comme les actifs de propriété littéraire et artistique.

Ocean Tomo est la première firme à avoir lancé les premières ventes aux enchères publiques[335] au monde de brevets, de marques et de droits d'auteur au printemps 2006[336]. Tirant parti de l'excitation obtenue uniquement dans un format d'enchères à ciel ouvert en direct, les enchères d'Ocean Tomo présentaient des portefeuilles de propriété intellectuelle prêts pour le marché à un réseau d'acheteurs engagés présents en personne et via un accès à distance par téléprésence. La première vente aux enchères de propriété intellectuelle en direct d'Ocean Tomo a eu lieu à San Francisco, Californie en avril 2006. Depuis lors, Ocean Tomo a organisé neuf enchères aux États-Unis et en Europe avec des transactions sur et hors du plancher de plus de 100 millions de dollars américains. En effet, du printemps 2006 à l'été 2009, Ocean Tomo a organisé des enchères qui ont généré 115 millions de dollars en vente pour 11,5 millions par actions[337].

Ces enchères ont mis en évidence plusieurs choses. Premièrement, les entreprises intellectuelles et leur intention d'achat étaient le moteur des ventes aux enchères. Deuxièmement, les vendeurs d'entreprise proposaient généralement leurs brevets de faible valeur à la vente aux enchères. Il est également apparu que la vente aux enchères

---

335 J. G. B. Halt, J. C. Donch, A. R. Stilx, R. Fesnak, *Intellectual property in consumer electronics, software and technology startups*, New-York, Springer, 2014, p. 179.

336 M. Y. Ma, *Fundamentals of patenting ans licensing for scientists and engineers*, New-Jersey, World Scientific Publishing, 2015, p. 262.

337 W. J. Murphy, J. L. Orcutt, P. C. Remus, *Patent valuation: improving decision making through analysis*, Hoboken, New-Jersey, Wiley, 2012, p. 202.

à l'ancienne présentait plusieurs limites, notamment les dépenses liées à son organisation, ainsi que les inconvénients pour les acheteurs et les vendeurs de devoir se rendre sur le site de la vente aux enchères et de sacrifier deux à trois jours de leur précieux temps. Raison pour laquelle à l'automne 2008, lorsque les entreprises intellectuelles ont cessé d'acheter des brevets pour leur portefeuille, la force motrice des ventes aux enchères Ocean Tomo s'est évaporée. La vente aux enchères, déjà soumise à des pressions de rentabilité, n'a pas été en mesure de se maintenir en tant qu'entreprise viable et Ocean Tomo a donc vendu ses activités[338]. Cependant, avant la vente de ses activités, les actifs de propriété littéraire et artistique ont pu être vendus aux enchères.

Il est nécessaire de faire une distinction entre les œuvres et les droits sur les œuvres. Les auteurs africains soumettent généralement leurs œuvres aux ventes aux enchères. Cependant ces œuvres ne sont pas des actifs de propriété littéraire et artistique. Ce sont les droits patrimoniaux attachés à ces œuvres d'art qui sont des actifs de propriété littéraire et artistique. À titre d'exemple, l'on peut citer les œuvres d'art du camerounais Marc Padeu vendues aux enchères par la maison PIASA. Cette vente aux enchères est différente de celle dans laquelle les droits sur les enregistrements musicaux de Jimi Hendrix ont été vendus.

Lors de la première vente aux enchères des actifs de propriété intellectuelle au monde organisée par Ocean Tomo en 2006, les droits sur les enregistrements musicaux de Jimi Hendrix ont été vendus. Les droits sur l'intégralité du catalogue de musique de Jimi Hendrix ont été mis en vente par la succession de l'ancien manager du rockeur, Michael Frank Jeffery. Un enchérisseur anonyme a payé

---

[338] S. S. Harrison, P. H. Sullivan, J. L. Davis, Edisson *in the Boardroom revisited: how leading companies realize value from their intellectual property*, Hoboken, New-Jersey, Wiley, 2012, p. 41

15 millions de dollars pour le lot, qui comprend « *Purple Haze* », « *Hey Joe* » et « *Foxy lady* ». Cet achat a été considéré comme un achat à haut risque dans la mesure où le catalogue faisait l'objet d'un âpre différend juridique entre la succession de Jeffrey et la famille Hendrix. Jeffrey, décédé dans un accident d'avion en 1973 trois ans seulement après la mort d'Hendrix, a laissé sa succession à quatorze organismes de bienfaisance britanniques. Mais les héritiers de Hendrix affirment avoir les droits sur la musique de Jimi. Le lendemain de cette vente, le porte-parole de la famille Hendrix avait déclaré que « *quiconque s'est acheté ça, c'est acheté le droit d'être plaideur*[339] ».

La vente aux enchères des droits sur les enregistrements musicaux de Jimi Hendrix a permis de mettre en avant la particularité des actifs de propriété littéraire et artistique, au regard de la titularité des droits ; titularité provenant d'un acte juridique unilatéral d'une part et d'autre part de la titularité des enregistrements sonores. Les ventes aux enchères permettent la vente indirecte des actifs de propriété intellectuelle. Les exploitants, qui apportent le financement pour la gestion des actifs de propriété intellectuelle, utilisent ce moyen de financement. Un autre moyen, qui est plus usité aujourd'hui est le courtage des actifs de propriété intellectuelle.

La vente des actifs de propriété intellectuelle est une forme de monétisation, qui est généralement pratiquée par les courtiers.

2- Le courtage des actifs de propriété intellectuelle

Le courtage des actifs de propriété intellectuelle fait ressortir deux éléments, à savoir l'intermédiation dans la vente des actifs de propriété intellectuelle et la monétisation des actifs de propriété intellectuelle.

---

[339] https://www.wsj.com/articles/BL-LB-2662.

La monétisation des actifs de propriété intellectuelle est le fait de transformer les actifs de propriété intellectuelle en monnaie ; la manière dont les actifs de propriété intellectuelle vont gagner de l'argent et produire des revenus. Bien que les termes soient proches, la monétisation des actifs de propriété intellectuelle n'est pas l'évaluation des actifs de propriété intellectuelle. La monétisation est une valorisation des actifs de propriété intellectuelle. L'évaluation est l'outil ou le pont pour mesurer la valorisation. L'évaluation est l'action d'apprécier la valeur : valeur juridique ou valeur financière. Étant entendu que la monétisation est le fait de transformer quelque chose en monnaie, la monétisation des actifs de propriété intellectuelle concerne la valeur financière des actifs de propriété.

Les actifs de propriété intellectuelle sont des produits d'exploitation au travers des licences, des produits financiers au travers d'un placement sous forme de titres, des produits exceptionnels au travers des procès en contrefaçon.

Beaucoup d'entreprises, par le biais des grappes de brevets ou de brevets de barrage ont fait des procès en contrefaçon des revenus stables. « Les chasseurs de brevets, également appelés « trolls de brevets » profitent du coût très élevé des frais de défense pour obtenir de rapides règlements financiers de faible montant [340] ». D'autres entreprises vont plus loin. On peut identifier les sociétés qui mettent en avant des brevets de validité douteuse de façon agressive. Elles ciblent souvent les petites sociétés n'ayant pas les ressources pour s'engager dans un litige et qui préfèrent payer pour qu'on les laisse tranquille. Le comportement de ces organismes se caractérise également par une sélection très ciblée des tribunaux devant lesquels

[340] B. Berman, « La qualité des brevets : une énigme ? », *Magazine de l'OMPI*, Août 2015, p. 17.

ils portent plainte pour contrefaçon. Il faut savoir que les entreprises non productrices sont des sociétés spécialisées dans la concession de licences de brevet, mais qui n'utilisent pas directement les brevets. En général, elles ne conçoivent, ni ne vendent aucun produit. Seule la monétisation des brevets les intéresse. Elles recourent pour ce faire à la concession des licences et aux poursuites en justice. Elles sont réputées pour faire valoir des mauvais brevets et tirer profit de règlements à l'amiable[341]

De façon plus saine, dans les années 80, IBM a accumulé un vaste portefeuille de brevets sans objectif clair et en partie simplement comme trophée pour ses chercheurs. Quand la société a connu une période faste dans les années 90, ses dirigeants (Marshall Phelps, Lou Gerstner) ont réalisé que ce portefeuille pouvait représenter un atout des plus puissants. Ces dirigeants ont bâti un véritable commerce sur la poursuite de contrefacteurs et la mise à disposition de licences pour les technologies brevetées. L'approche reposait sur la multiplication de licences croisées avec paiements de compensation et la proposition conjointe de licences de savoir-faire et de brevets. Cette approche commerciale de la monétisation de la propriété intellectuelle a bien entendu attiré beaucoup d'attention, et peu à peu a été reproduite avec plus ou moins de réussite dans d'autres entreprises à travers le monde[342].

En 2019, le magazine de l'OMPI rédigeait un article sur les nouvelles formes de monétisation, en s'appuyant sur une société du nom de 23 Capital. Il s'agit d'une société qui offre des services et des solutions de financement dans les domaines du sport, de la musique et du divertissement. Elle ne se définit pas comme un prêteur traditionnel, mais

---

[341] B. Berman, Loc. Cit.

[342] C. Nguyen Van Yen, « Petite histoire de la monétisation des brevets », *La propriété intellectuelle, Mines Revue des ingénieurs Paris, Saint Etienne, Nancy*, Mars – Avril 2017, N° 490.

comme une entreprise du secteur du sport ou du divertissement plutôt qu'une banque. Côté financement, elle monétise la propriété intellectuelle dans les domaines du sport, de la musique et du divertissement par le biais de contrats et de créances de premier plan. Côté solutions, elle aide à structurer et à créer de nouveaux droits de propriété intellectuelle. Par la même occasion, à chercher de nouveaux moyens de les monétiser ou de les exploiter afin de générer de nouvelles sources de revenus. À titre d'exemple, elle peut monétiser des droits de radiodiffusion d'une chaîne sportive ; établir un accord de 10 ans sur le nom d'un stade ou un contrat de parrainage avec Adidas[343].

La vente, la concession de licence, la titrisation, les procès en contrefaçon sont les formes les plus usitées de monétisation des actifs de propriété intellectuelle. Le courtier fait de la monétisation au travers de l'opération qu'il fera.

Paragraphe 2 : La location des actifs de propriété intellectuelle

Tout comme la vente, le louage est un contrat par lequel les actifs de propriété intellectuelle peuvent être financés. Il s'agit d'un autofinancement ou d'un financement interne, c'est-à-dire, la capacité de l'entreprise à financer son activité ainsi que ses investissements à l'aide de ses propres moyens financiers. Le titulaire de l'actif de propriété intellectuelle utilise son actif de propriété intellectuelle pour obtenir des capitaux. L'exploitant apporte l'argent nécessaire en contrepartie de l'autorisation de louer l'actif de propriété intellectuelle. En propriété intellectuelle, le louage est communément appelé licence. La licence peut

---

[343] C. Jewell, « 23 Capital : créer de nouvelles façons de monétiser la propriété intellectuelle », *Magazine de l'OMPI*, Avril 2019.

être octroyée simplement (A), ou constituer un sous-ensemble d'un projet économique plus large (B).

A- La licence

La licence est une autorisation d'exploitation contre paiement d'une redevance.

L'autorisation peut être exclusive ou non. Le licencié exclusif est celui qui a le droit d'exploiter exclusivement l'actif de propriété intellectuelle. Seul le preneur de licence a le droit d'exploiter la technologie brevetée, la marque protégée, l'actif approprié, au point où même le titulaire du droit de propriété n'a le droit de l'utiliser. Le licencié non exclusif peut être un licencié simple ou non. Dans la licence unique, seul le preneur de licence et le titulaire du droit de propriété intellectuelle ont le droit d'utiliser l'actif[344]. Dans la licence non exclusive, le titulaire du droit de propriété peut lui-même, à côté d'autres preneurs, exploiter son bien immatériel.

La redevance est la somme qui doit être payée à échéances déterminées. Cette somme est matérialisée dans le contrat de licence sous forme de clauses financières. Les clauses financières constituent l'élément essentiel du contrat. C'est surtout en propriété littéraire et artistique que les clauses financières provenant des licences d'exploitation sont explicitées par le législateur. Le législateur OAPI, en son annexe VII ne détermine pas les clauses financières des licences. Cependant, celles-ci sont évoquées par les législations nationales des pays membres de l'espace OAPI. Le principe évoqué par les législations sur le droit d'auteur s'applique pour les actifs de propriété industrielle.

Les redevances peuvent être forfaitaires ou proportionnelles et dépendront forcément de la recherche

---

[344] OMPI, *Inventer le futur – initiation aux brevets pour les petites et moyennes entreprises*, Genève, OMPI, 2006, p. 36.

d'un équilibre entre les titulaires d'actifs de propriété intellectuelle et les exploitants.

Le principe est la rémunération proportionnelle. Le principe de la rémunération proportionnelle signifie concrètement que le pourcentage demeure dominant dans toute relation entre un auteur et son cocontractant[345]. La base de calcul de la participation proportionnelle est déterminée à partir du prix de vente au public de l'œuvre diffusée ou sur les recettes tirées de son exploitation. Toutefois, la rémunération de l'auteur peut être évaluée forfaitairement lorsque la base de calcul de la participation proportionnelle ne peut être pratiquement déterminée. Il en est également le cas lorsque les conditions d'exploitation de l'œuvre rendent impossible l'application de la règle de la rémunération proportionnelle[346]. C'est le cas notamment pour la création de logiciels.

Qu'elles soient forfaitaires ou proportionnelles, la fixation dépendra de la place de l'utilisation de l'œuvre ou du répertoire dans l'activité de l'usager[347]. Déjà la SACEM[348], l'une des premières sociétés de droits d'auteur créées dans le monde établissait une distinction entre deux modes de fixation des clauses financières. Dans le premier cas, elle vérifiait si le droit d'auteur est en relation directe avec les recettes que l'œuvre a permis d'engendrer. Dans le second, l'œuvre est accessoire à l'exploitation. Raison pour laquelle, on ne peut plus parler de recettes causées[349]. À titre d'exemple, nous savons que les œuvres musicales ont une

---

345 E. Pierrat, Le droit de l'édition appliquée : chroniques juridiques de livres Hebdo – Tome 2, CECOFOP/ProLibris, 2000, pp. 45 à 49.

346 Article 24 alinéa 2 de la loi camerounaise sur le droit d'auteur et des droits voisins.

347 I. M. Koum Dissake, Op. Cit., 2019, p. 50.

348 Société des auteurs, compositeurs et éditeurs de musique.

349 Il Dirittro di aurore: trimestrale pubblicata a cura della consulta legale della Societ'a italiana degli autori ed editori, Volume 54, Giuftrie, 1983, p. 261.

place très importante, voire essentielle dans les entreprises radiophoniques. Une hiérarchisation verticale des prestations musicales doit donc être établie. Cette hiérarchisation est nécessaire pour toutes les autres catégories d'œuvres. On déterminera donc si l'œuvre est essentielle, importante ou accessoire pour l'usager.

S'il s'agit d'une perception forfaitaire, le prix à payer en contrepartie est fixé en fonction de certains paramètres qui peuvent être la capacité du local, la superficie, le caractère accessoire de l'utilisation de l'œuvre par rapport à l'objet exploité. S'il s'agit d'une perception proportionnelle, le prix à payer en contrepartie est fixé en fonction des recettes de l'usager. Le droit d'auteur est un mode de rémunération de la création artistique où l'auteur est en principe rémunéré proportionnellement aux recettes procurées par son travail de création. Cependant, un mode de rémunération fondé sur les résultats des ventes se heurte d'abord à la question de la transparence des bases qui servent à les calculer. Raison pour laquelle, la généralisation des rémunérations forfaitaires est croissante et en partie contraire au principe de rémunération proportionnelle issue d'une négociation contractuelle[350]. Pour éviter tout abus, la loi à l'instar camerounaise précise que la rémunération forfaitaire fixée en violation de la règle de la rémunération proportionnelle s'élèvera à 20 % des recettes d'exploitation de l'usager[351].

Le contrat de licence peut être établi dans un sous-ensemble d'un projet économique.

---

[350] F. Benhamon, D. Sagot- Duvauroux, « Économies des droits d'auteur, V. Synthèse » dans *Cultures études* 2007/8 (N°8) p. 1-16.

[351] Article 24 alinéa 3 de la loi camerounaise sur le droit d'auteur et les droits voisins.

B- La licence comme sous ensemble d'un projet économique

Il existe des projets économiques plus larges qui font intervenir les licences de droit de propriété intellectuelle. En général, les projets économiques dont il s'agit sont la franchise ; dans une certaine mesure le transfert de technologie.

« Le contrat de franchise repose sur un équilibre subtil entre deux commerçants indépendants : le franchiseur qui détient une marque, un savoir-faire, mais qui veut assurer son développement grâce à un réseau ; le franchisé qui veut rester indépendant tout en bénéficiant de la marque du savoir-faire et de l'assistance du franchiseur[352] ». Ce contrat est un ensemble de droits de propriété industrielle portant sur des marques, un nom commercial ou une enseigne, des dessins et modèles ou encore un savoir-faire destiné à être exploités pour la revente de produits ou la prestation de services à des utilisateurs finaux.

La franchise est un sous-ensemble d'un projet économique impliquant la licence des actifs de propriété intellectuelle. La location-vente peut également être considérée ainsi.

Comme son nom l'indique, la location-vente est une location suivie d'une vente. La location-vente est une notion qui n'est quasiment jamais évoquée en propriété intellectuelle. Lorsque l'on parle des relations liant la propriété industrielle avec les contrats qui pourraient constituer un sous-ensemble d'un projet économique, l'on pense premièrement au contrat de franchise et secondement au transfert de technologie. Sachant que la licence est une location, la location-vente est un contrat dont la licence est un sous-ensemble d'un projet économique. C'est une notion

---

[352] D. Boschet, *La franchise juridique : conseils pratiques*, Gualino, 2015, 4eme page de couverture.

proche du crédit-bail. Cependant, cette notion ne s'applique dans le cadre d'actifs de propriété intellectuelle.

Le crédit-bail est une opération de crédit destinée au financement de l'acquisition ou de l'utilisation des biens meubles ou immeubles à usage professionnel. Le crédit-bail mobilier est une « opération de crédit-bail portant sur des biens meubles constitués par des équipements, du matériel et/ou de l'outillage nécessaire à l'activité du crédit-preneur[353] ». Les biens meubles cités ci-dessus sont des biens meubles corporels. Cependant, les actifs de propriété intellectuelle sont des biens meubles incorporels, exclus du champ d'application du crédit-bail. Quoiqu'il aurait intéressant de voir une possibilité permettant à la banque d'acheter un actif de propriété intellectuelle à la demande du client et de le louer à celui-ci pendant un certain temps, avec option d'achat. Cette possibilité n'est faisable que si on revoit la législation sur le crédit-bail ou si une coutume se crée en milieu bancaire élargissant le crédit-bail aux biens meubles incorporels.

Le crédit-bail n'est pas un projet économique impliquant la licence d'actifs de propriété intellectuelle. Par contre, la location-vente est un contrat permettant de recourir à une licence d'actifs de propriété intellectuelle

La location-vente des actifs de propriété intellectuelle consiste à louer les actifs de propriété intellectuelle, qui deviendront à la fin d'un certain nombre de temps la propriété du licencié. Nous l'avons vu au chapitre 2 lorsque nous évoquions le risque action, les banques achètent aux entreprises des brevets sur la base desquels elles constituent des fonds de brevets destinés à des investisseurs en quête de placement à fort rendement. Les brevets font l'objet d'opérations de cession-bail. Le fonctionnement d'une entreprise américaine nous laisse penser qu'elle fait de la

---

[353] Article 3 de la loi N°2010/020 du 21 décembre 2010 portant organisation du crédit-bail au Cameroun.

location-vente des actifs de propriété intellectuelle. Il s'agit de la société Intellectual Ventures.

En 2000, des anciens salariés de Microsoft ont créé l'Intellectual Ventures Inc. C'est une société de droit privé, qui a pour but déclaré de réduire le risque de brevets pour ses investisseurs et d'aider les entreprises et les inventeurs individuels à monétiser leurs brevets. Cette entreprise est une société américaine de capital-investissement qui se concentre sur le développement et l'octroi de licences de propriété intellectuelle. Nous l'avons vu au chapitre 2, le capital investissement est une forme très ancienne d'investissement par laquelle un investisseur consacre une partie de ses capitaux propres ou sous gestion au développement ou rachat d'une société ayant des besoins de croissance, de transmission ou de redressement. En tant que société de capital investissement, elle entre dans le capital des sociétés avec des actifs, pendant une période donnée qui varie entre 5 et 7 ans. Elle ressort en vendant des actifs. Intellectual Ventures gère trois fonds d'investissement dont l'un consiste à acheter des inventions existantes et leur octroyer des licences.

Faisant partie des cinq principaux propriétaires de brevets américains, Intellectual Ventures détenait fin 2016 un portefeuille d'environ 70 000 brevets ou demandes de brevets dont 40 000 faisaient l'objet d'une monétisation active. Autrement dit 30 000 ne sont plus dans le portefeuille. Ce qui veut dire qu'ils ont expiré ou ont été vendus[354]. Au regard de cette donnée, nous estimons qu'elle fait de la location-vente des actifs de propriété intellectuelle.

L'exploitation au travers des contrats de propriété intellectuelle favorise le financement des actifs de propriété

[354] M. Baudry, Brevets : incitation ou frein à l'innovation, Londres, Éditions ISTE, 2018, p. 66.

intellectuelle. Il en est de même de l'exploitation au travers de la gestion collective des droits d'auteur et droits voisins.

Section 2 : L'exploitation au travers de la gestion collective des droits d'auteur et droits voisins

Le tiers autorisé qui obtient un droit d'exploitation peut agir pour son compte personnel ou pour le compte du titulaire du droit de propriété intellectuelle. L'exploitant qui agit pour le compte du titulaire de l'actif de propriété intellectuelle est un exploitant intermédiaire. Dans le domaine de la propriété littéraire et artistique, il s'agit des organismes de gestion collective du droit d'auteur et des droits voisins.

Par gestion collective des droits d'auteur et des droits voisins, il faut entendre le système d'administration par lequel les titulaires desdits droits délèguent à des organismes créés à cet effet la négociation des conditions dans lesquelles leurs œuvres, leurs prestations artistiques et leurs apports industriels selon les cas seront utilisés par des exploitants et autres usagers, l'octroi des autorisations correspondantes, ainsi que le contrôle de leurs utilisations, la perception de rémunérations correspondantes et leur répartition entre les détenteurs des droits[355]. Ce système d'administration est formé soit en association, société ou personne morale autorisée notamment par voie de licence, mandat ou cession, à se livrer à la gestion collective[356]. L'article 60 de l'annexe VII sur la propriété littéraire et artistique est le seul article réservé à la gestion collective

---

[355] L. Délia, *Droit d'auteur et droits voisins,* Paris, Éditions de l'UNESCO, 1997, p. 391.

[356] J. Daniel, « Le cadre juridique de la gestion collective du droit d'auteur au Canada », in *Les cahiers de propriété intellectuelle,* Vol. 11, N°1, Éditions Yvon Blais, Octobre 1998, http://www.cpi.openum.ca

dans le texte cadre de la protection de la propriété littéraire et artistique. Il n'est malheureusement pas fait mention du mode de gestion. La loi ivoirienne énonce que la gestion des droits peut être confiée à un organisme de gestion collective par les titulaires de droit en vertu d'un mandat ou d'une cession[357]. Les organismes de gestion collective agissent soit sur mandat, soit sur cession.

Que l'organisme de gestion collective agisse sous forme de mandat ou de cession, les actes de gestion collective à savoir l'autorisation d'exploitation des œuvres, la perception et la répartition des redevances et la défense des droits, demeurent les mêmes. La perception (Paragraphe 1) et la répartition des redevances (Paragraphe 2) sont les actes de gestion collective qui favorisent le financement des actifs de propriété littéraire et artistique.

Paragraphe 1 : La perception des redevances

Dans le domaine du droit d'auteur et des droits voisins, la perception est une opération qui consiste en la récolte des droits des artistes créateurs auprès des usagers des œuvres de l'esprit afin de les répartir aux ayants droit après déduction des frais de gestion. Il apparaît donc que l'opération de perception des droits d'auteur qui s'exerce en amont pour permettre la rétribution des droits aux bénéficiaires en aval, constitue la clé de voûte du fonctionnement de tous les organismes de gestion collective[358]. La perception est une opération qui consiste en la récolte des droits ; droits entendus comme redevances

---

[357] Article 117 de la loi ivoirienne sur le droit d'auteur et les droits voisins.

[358] J. Mondonga Moyama, *Droit d'auteur et droits voisins : les aspects techniques, juridiques et économiques du droit d'auteur et ses applications en République Démocratique du Congo*, mon petit éditeur, 2014, p. 236.

contractuelles (A) et légales (B).

A- Les redevances contractuelles

Les redevances contractuelles sont des redevances qui découlent d'un contrat, plus précisément d'une autorisation préalable d'exploitation. Elle fait suite premièrement à un contrat d'affiliation, un contrat liant les organismes de gestion collective avec les titulaires des actifs de propriété littéraire et artistique. C'est à la suite de ce contrat d'affiliation que les redevances naissent du contrat liant non pas l'organisme de gestion collective avec les titulaires des actifs de propriété littéraire et artistique, mais du contrat liant l'organisme de gestion collective avec les usagers. L'organisme de gestion collective peut accorder, conformément à l'autorisation faisant suite au contrat d'affiliation, une licence spécifique ou une licence globale.

Lorsque l'autorisation est accordée œuvre par œuvre, il s'agit d'une licence spécifique. Cette gestion est proche de la gestion assurée par l'auteur personnellement. Si ce genre de questions ne se pose pas véritablement pour les droits musicaux, dans le domaine des répertoires dramatiques, audiovisuels, des arts visuels, l'autorisation par œuvre se pratique assez couramment. Suivant le théâtre ou la troupe qui a l'intention de représenter son œuvre, l'auteur imposera des conditions différentes qui varieront selon la notoriété de l'auteur ou de l'œuvre[359].

La formule la plus fréquemment adoptée par les sociétés de gestion collective de droits d'auteur et droits voisins est la licence globale. En droit de l'Internet, la licence globale peut être définie comme cette autorisation qui permet aux internautes de télécharger des contenus culturels protégés par les droits d'auteur (musiques, films, jeux, livres, etc.), en toute légalité en payant une somme forfaitaire par mois

---

[359] P. Schepens, *Guide sur la gestion collective des droits voisins,* Paris, UNESCO, 2000, p. 22.

indexée sur la facture internet délivrée par leur fournisseur d'accès. Dans ce sens l'expression « *globale* » couvre tous les actes de téléchargement et de mise à disposition à des fins non commerciales[360]. En matière de gestion collective du droit d'auteur et droits voisins, la société offre à l'usager l'intégralité du répertoire qu'elle représente[361] moyennant paiement des tarifs qu'elle établit. Elle garantit ainsi un paisible accès à toutes les œuvres. L'expression « *globale* » couvre l'intégralité du répertoire de la société de gestion collective.

L'usager peut donc utiliser tout ou partie du répertoire de la société[362] sans contrainte aussi longtemps qu'il respecte les conditions de l'autorisation délivrée. Parmi les conditions de l'autorisation énumérées par les sociétés de gestion collective, se trouve l'obligation par l'usager de remplir le relevé détaillé des œuvres utilisées. Ce document est indispensable, car il permettra aux sociétés de rémunérer les auteurs dont les œuvres ont vraiment été utilisées. Le processus décrit ci-dessus concerne les redevances contractuelles. Les redevances légales ont une autre organisation.

B- Les redevances légales

La redevance légale est la somme d'argent que la loi autorise que l'on verse aux titulaires de droits pour l'exploitation des actifs de propriété littéraire et artistique.

Le droit d'auteur est considéré comme un instrument essentiel pour parvenir à un juste équilibre des intérêts en présence, plus particulièrement pour garantir à l'auteur une

---

360 G. Lhuillier, *La licence globale : réexamen d'une solution française abandonnée en droit français,* Mémoire de Master 2 droit de l'Internet, Université Paris I Panthéon Sorbonne, 2010, p. 4.

361 Article 78 alinéa 1 de la loi camerounaise sur le droit d'auteur et les droits voisins.

362 Article 121 de la loi ivoirienne sur le droit d'auteur et les droits voisins.

participation aux fruits de l'exploitation de son œuvre. Ce principe a été considéré comme un élément fondamental qui empêche que le droit d'auteur soit instrumentalisé dans le seul intérêt des exploitants[363]. C'est certainement dans ce sens qu'ont été prévues dans toutes les législations, des rémunérations, dites légales. La loi autorise l'utilisation des actifs de propriété littéraire et artistique par des tiers, en contrepartie d'une rémunération. Ces rémunérations sont gérées par les organismes de gestion collective. Si la gestion collective est par principe facultative, elle est obligatoire pour certaines formes d'utilisation des œuvres donnant droit à des rémunérations. Les lois nationales relatives au droit d'auteur et aux droits voisins des États membres de l'OAPI prévoient des utilisations des œuvres qui nécessitent une gestion collective obligatoire et par conséquent le paiement des redevances légales. Il s'agit de : la reproduction des phonogrammes, vidéogrammes et œuvres imprimées pour copie privée qui donne lieu à une rémunération pour copie privée ; l'utilisation ou la reproduction de phonogrammes pour la radiodiffusion ou la communication au public entraînant une rémunération équitable ; la vente aux enchères publiques ou par l'intermédiaire d'un commerçant de l'original d'une œuvre ou d'un manuscrit offrant un droit de suite.

La perception est capitale, car d'elle découle une meilleure rémunération pour les titulaires de droits d'auteur et droits voisins. Cependant, les redevances qui sont payées par les usagers et perçues par les organismes de gestion collective doivent être réparties entre les titulaires de droits d'auteur et droits voisins dont leurs actifs de propriété littéraire et artistique ont été utilisés. En gestion collective, on appelle cette phase, la répartition.

---

[363] R. L. Hilty, V. L. Benabou, *Perspectives d'harmonisation du droit d'auteur en Europe*, Berlin Heidelberg, New York Springer, 2017, p. 601.

Paragraphe 2 : La répartition

La répartition est l'opération qui consiste à donner à chaque ayant droit individuel la somme qui lui revient dans le partage des sommes encaissées. Si cette opération est plus évidente lorsqu'il s'agit d'une œuvre exploitée d'un seul auteur, elle devient plus compliquée lorsque l'œuvre est le fait de plusieurs d'une part et d'autre part lorsque l'usager utilise des milliers d'œuvres du répertoire de l'organisme de gestion collective.

Afin de mener à bien sa mission, la société de gestion collective doit se doter d'une documentation complète sur tous les auteurs et les œuvres qu'elle représente (A) avant d'assurer la répartition des droits perçus entre tous les ayants droit dont les œuvres ont été utilisées au cours de la période écoulée (B).

A- La documentation

Il est primordial pour la société de gestion collective de récupérer toutes les informations nécessaires au sujet de l'actif de propriété littéraire et artistique géré par elle. Ainsi, la documentation concerne la documentation sur l'œuvre et ses ayants droit et les informations sur le répertoire utilisé.

Une œuvre peut être créée par plusieurs personnes. Ces personnes doivent être identifiées afin que la répartition soit le plus juste possible. Évidemment le degré de participation n'est pas le même. Il est fonction de la qualité des ayants droit. L'ayant droit est la personne détenant un droit du fait de son lien avec l'auteur. C'est une personne bénéficiant d'un droit en raison de sa situation juridique fiscale, financière ou d'un lien familial avec le bénéficiaire direct de ce droit[364]. Généralement, l'ayant droit est une personne subsidiaire, une personne liée à l'auteur. Cependant, en matière de gestion collective, l'ayant droit n'est pas uniquement la personne liée, mais peut également être la

---

[364] Dictionnaire juridique en ligne.

personne titulaire du droit. Il faut distinguer quatre groupes d'ayants droit : les ayants droit intellectuels principaux, les ayants droit intellectuels secondaires, les héritiers et les cessionnaires.

Les ayants droit intellectuels principaux sont les auteurs, personnes physiques, quoique certaines législations accordent le statut d'auteurs dès l'origine, à des personnes morales. Généralement c'est lorsque nous sommes en présence des œuvres collectives. Le deuxième groupe, qualifié également d'ayants droit intellectuels mais ayants droit intellectuels secondaires, est formé par les adaptateurs (tout arrangement, interprétation et traduction). Les héritiers constituent le troisième groupe. Les droits patrimoniaux de l'auteur durent toute sa vie. Ils persistent après son décès pendant l'année civile en cours et les cinquante[365] ou soixante-dix années[366] qui suivent selon les législations des pays membres de l'espace OAPI.

Les ayants droit (à l'exception des héritiers) sont soumis à la déclaration des œuvres. Dès qu'une œuvre est finalisée et qu'elle est éditée, la déclaration garantit une répartition des droits d'auteur. Une information minimale est imposée. Elle comporte la déclaration du titre, le genre, la durée, le nom des ayants droit et le partage entre ceux-ci. Ce partage découle d'une clé de répartition, élément essentiel. La clé de répartition est contractuelle. Elle est fondée sur l'accord intervenu entre les créateurs et le cas échéant, l'éditeur de l'œuvre. D'une manière générale, les clés de répartition se conviennent librement dans le bulletin de répartition au moment d'enregistrement ou du dépôt de l'œuvre à l'organisme de gestion collective. Si la clé de répartition n'est pas totalement libre pour les œuvres musicales car il

[365] Article 37 alinéa 1 de la loi camerounaise sur le droit d'auteur et les droits voisins.

[366] Article 52 alinéa 1 de la loi béninoise sur le droit d'auteur et les droits voisins.

faut tenir compte des normes CISAC[367], elle est libre pour les œuvres dramatiques, littéraires et audiovisuelles.

La documentation sur les œuvres et les ayants droit regroupée, celle concernant les informations sur le répertoire utilisé est primordiale pour une répartition.

Obtenir les informations intégrales sur le répertoire utilisé n'est pas chose évidente. En effet, il est très compliqué pour les sociétés de gestion collective d'avoir en possession tous les programmes de toutes les utilisations, quoique ce serait l'idéal. Dans l'autorisation qu'elle accorde aux usagers, elle met à la charge de l'usager l'obligation de lui fournir dans un délai fixé le relevé détaillé des œuvres utilisées. L'usager s'oblige à communiquer seconde après seconde, toutes les œuvres utilisées.

Lorsque l'utilisation d'œuvres protégées est massive, mais les droits insignifiants, la société de gestion procédera à des répartitions basées sur des sondages.

C'est au regard de ces renseignements que l'on peut rétribuer à chaque œuvre le montant découlant de son exploitation.

B- La rétribution aux œuvres

La société est obligée de répartir aux auteurs et titulaires de droits, la totalité des recettes, après déduction des frais de gestion et contribution à la protection sociale et promotion culturelle.

Les frais de gestion sont des prélèvements sur des redevances correspondant à une transaction ou une utilisation des actifs de propriété littéraire et artistique gérés par les organismes de gestion collective. Bien que les organismes de gestion collective n'aient en principe pas un but lucratif, les législateurs prévoient toutefois des taux de

---

[367] Confédération Internationale des Sociétés d'Auteurs et Compositeurs

gestion. Il est vrai, les organismes de gestion collective ont des charges de fonctionnement (des loyers, des employés, des factures, etc.) à payer. Ils ne peuvent le faire qu'en utilisant une partie des redevances découlant de l'exploitation des actifs de propriété littéraire et artistique qu'ils gèrent. Au Cameroun, ce plafond est porté à 35 % des ressources pour les trois premières années de la mise en place de l'organisme de gestion collective. Les trois premières années s'entendent des trois premiers exercices pleins à compter de la date d'obtention de l'agrément à la gestion collective par l'organisme de gestion collective[368]. Au Mali, les retenues statutaires sont effectuées sur les montants bruts perçus pour frais de gestion, charges de fonctionnement et pour les œuvres sociales et actions de promotion culturelle : 30 % pour les frais de gestion et 5 % pour les œuvres sociales et actions de promotion culturelle[369].

Les organismes de gestion collective bénéficient des frais de gestion pour leur fonctionnement retirés des redevances de droits d'auteur et droits voisins. Le reste des redevances fait l'objet d'une répartition qui fait suite à un calcul.

Le paiement d'une redevance est fonction du montant total des redevances perçues ou prises en compte dans la classe de répartition considérée[370] ; du nombre de

---

[368] Article 7 de l'arrêté N0002/MINAC/CAB du 28 mars 2016 fixant les dispositions communes applicables aux statuts généraux et des codes électoraux des organismes de gestion collective du droit d'auteur et droits voisins au Cameroun

[369] Article 51 du décret fixant les modalités de perception et de répartition des redevances de droits d'auteur et de droits voisins au Mali.

[370] Les droits sont répartis en classés selon l'origine de la perception. Les classes de répartition sont généralement dans le domaine des œuvres musicales avec ou sans paroles, des œuvres dramatiques et dramatico musicales, des œuvres littéraires et des œuvres d'art.

productions exploitées dans ladite classe ; de la durée d'exploitation de l'œuvre.

La valeur d'une production et le montant disponible pour une production se calculent selon la valeur de la seconde ou la valeur du point. La première étape consiste à définir un tarif de base qui servira ensuite à calculer les rémunérations individuelles dues aux ayants droit. Chaque œuvre obtient un certain nombre de points ou de secondes.

S'agissant du cas du point, la valeur du point est obtenue en divisant la somme totale perçue auprès de l'usager par le nombre total des points. Le nombre total de points est obtenu en divisant la somme totale perçue auprès d'un usager par le nombre total des œuvres à rémunérer. Le nombre de points par œuvre est obtenu en divisant le nombre de points total par le nombre d'œuvres à rémunérer. Ainsi, le montant disponible pour une œuvre est égal à la valeur du point multiplié par le nombre de points par œuvre. Généralement, le nombre de points par œuvre est valorisé par un coefficient qui varie selon la nature des œuvres.

S'agissant du cas de la seconde, la valeur d'une seconde est obtenue en divisant la somme totale perçue auprès de l'usager par la durée totale des œuvres à rémunérer. La valeur de la production est égale à la valeur de la seconde fois le nombre de secondes exploitées de la production[371]. La durée d'exploitation ci-dessus est celle indiquée par le relevé de programmes ou les déclarations des usagers. Lorsque cette durée ne peut être obtenue, la société affecte une durée à certaines œuvres. L'utilisation de la répartition par la seconde est généralement faite par les sociétés de l'art musical. La société peut donc appliquer en l'absence du relevé de programme, une présomption de durée qui pourrait être comme suit : musique sérieuse : 5 mm ; musique populaire : 4 mm ; musique de variétés et de divertissement :

[371] I. M. Koum Dissake, 2019, Op. Cit., p. 62.

03 mm ; indicatifs, génériques, jingle : 15s[372].

Que l'on opte pour un calcul de la seconde ou un calcul du point, il faut savoir que toutes les sociétés adoptent un barème accordant un coefficient de valorisation suivant : le genre de l'œuvre visant ainsi à rétribuer sur base de la difficulté et du degré de créativité ; les chances d'avoir des diffusions répétées ou non ; le genre d'utilisation de l'œuvre. C'est ainsi que les musiques sérieuses[373] auront un coefficient ou une taxation par tranches horaires plus élevé que les musiques populaires et de circonstances[374], les musiques de films et les musiques de variétés et de divertissement[375]. En ce qui concerne les œuvres littéraires, les poèmes et sketches auront un coefficient plus élevé que les textes de doublage et sous-titrage de série, téléfilms, feuilleton. Les documentaires à caractère musical seront au-dessus des textes de doublage et de sous-titrage de films du commerce, des extraits d'œuvres dramatiques, des écritures de textes d'émissions de divertissement contenant des éléments originaux relevant de la chronique, du portrait humoristique ou du billet d'humeur et entièrement dépendant de l'émission dans laquelle ils sont diffusés[376].

Au vu de ce qui a été dit plus haut, il faut faire une petite précision pour les œuvres visuelles. Celles-ci doivent subir une conversion en durée. Cette durée fictive peut varier suivant le genre. Pour tenir compte de la durée pendant laquelle une œuvre ou un objet graphique ou plastique apparaît dans un programme audiovisuel, un coefficient de

---

[372] Article 55 de l'arrêté 01-054/MAC/SG/BBDA du 20 mars 2000 portant règlement de répartition des droits du Burkina Faso.

[373] Musique d'inspiration élaborée selon les critères d'instruments de musique traditionnelle, musique symphonique, musique de chambre, jazz…

[374] Chorales, cantiques….

[375] Article 48 du règlement de répartition du Bureau Guinéen de Droits d'auteur, 21 Octobre 2000.

[376] I. M. Koum Dissake, 2019, Op. Cit., p. 63.

durée est utilisé. Il est calculé en fonction du type d'utilisation : banc-titre, décor ou générique. Afin d'équilibrer le montant des redevances entre ayants droit dont les œuvres ou les objets sont diffusés dans plusieurs programmes et ceux bénéficiant d'un grand nombre d'œuvres ou d'objets dans un seul programme, un coefficient dégressif du nombre d'images diffusées est appliqué. Les droits sont calculés au prorata de la racine carrée du nombre d'œuvres ou d'objets d'un ayant droit diffusés dans le même programme audiovisuel. Le calcul des redevances, même si les images ne sont pas à proprement parler insérées dans un programme audiovisuel s'opère sur le nombre d'images diffusées d'un même ayant droit. Chaque image correspond à un nombre de secondes définies avec une dégressivité en fonction du nombre d'images utilisées. À titre d'exemple, la société de gestion collective peut décider que chaque image compte trente secondes pour une diffusion comprise entre une et cinquante images. Au-delà de la diffusion de cinquante images, chaque image compte quinze secondes[377].

La répartition énoncée plus haut concerne la répartition entre les œuvres utilisées. Cette répartition est en amont de la répartition entre les ayants droit. La répartition entre les ayants droit se fait conformément à la clé de répartition libre ou le cas échéant conformément à la clé de répartition statutaire. À la fin de celle-ci, les titulaires des actifs de propriété littéraire et artistique reçoivent les redevances qui leur sont dues.

---

[377] I. M. Koum Dissake, 2019, Op. Cit., p. 60.

CONCLUSION

De ce qui précède, nous pouvons répondre à notre question de recherche. Les actifs de propriété intellectuelle sont financés dans l'espace OAPI au travers du prêt d'argent avec ou sans intérêts, qu'il soit sous forme de crédit bancaire ou de crowdfunding. Les investisseurs apportent les capitaux nécessaires par crowdequity, private equity ou venture capital. Les business angels font des apports en numéraire, en industrie et/ou en nature. Les contrats de travail et de commande favorisent le financement des actifs de propriété intellectuelle. Le nantissement des droits de propriété intellectuelle est utilisé par les titulaires d'actifs de propriété pour rassurer les créanciers. Les licences et cessions sont prévues par le législateur OAPI. En ce qui concerne les cessions des actifs de propriété intellectuelle, les modes de vente directe et indirecte utilisés en Amérique et en Europe peuvent être repris dans les pays membres de l'espace OAPI, à savoir l'échange, le troc, le courtage, la vente aux enchères. Les actifs de propriété intellectuelle peuvent être financés par ces modes. L'organisme de gestion collective au travers du contrat d'affiliation qui le lie avec les auteurs et auxiliaires de la création, et du contrat d'utilisation qui le lie avec les usagers, finance les actifs de propriété littéraire et artistique, car il perçoit les redevances découlant de l'exploitation à charge de les répartir.

Les travaux sur le financement des actifs de propriété intellectuelle ont généralement été abordés de façon spécifique. Certains auteurs ont assimilé le financement des actifs de propriété intellectuelle au nantissement des droits de propriété intellectuelle. D'autres ont mené des études spécifiques sur la titrisation des actifs intellectuels. Quant au législateur, il a une préférence pour la licence et la cession comme moyen de financement des actifs de propriété intellectuelle. Force est de constater que ces travaux considèrent les actifs de propriété intellectuelle comme sources de financement. C'est au travers d'eux que le financement est obtenu. Cependant, les techniques de financement peuvent très bien être appliquées au financement des actifs de propriété intellectuelle sans recourir aux actifs de propriété intellectuelle. C'est le cas du *crowdequity* qui est une technique de financement. D'ailleurs un inventeur est en train de recourir à cette technique pour financer son invention. Il s'agit du projet Smart Fan Technology sur Tagus Investment au Cameroun.

Notre recherche s'est voulue large, globalisante. Nous n'avons pas infirmé les travaux de nos prédécesseurs. Nous pensons juste avoir rassemblé dans un seul travail de recherche les voies et moyens pour financer les actifs de propriété intellectuelle dans l'espace OAPI. Nous n'avons pas la prétention de penser que nous avons abordé toutes les techniques favorisant le financement des actifs de propriété intellectuelle ; techniques juridiques comme financières. Cependant, consciemment, nous avons fait le choix de ne pas développer sur la titrisation des actifs intellectuels. Il faut dire, que compte tenu de l'espace dans lequel nous travaillons, l'espace OAPI, le marché financier secondaire est encore embryonnaire, bien qu'il existe depuis plus d'une vingtaine d'années en zones UEMOA et CEMAC. Dans le marché des capitaux, précisément le marché financier, nous avons fait le choix de nous arrêter au marché primaire avec l'émission des actions sans toucher l'émission des obligations basée sur les actifs de propriété intellectuelle.

Notre travail est le début d'un processus de recherche qui doit être complété. Il existe des orientations intéressantes qui pourront être approfondies lors de recherches ultérieures. Un produit similaire au crédit-bail peut être mis sur pied par les pratiquants de la finance. Il est vrai que certaines entreprises, même bancaires, font déjà la cession-bail des actifs de propriété intellectuelle, sauf que la cession-bail est différente du crédit-bail. À notre avis, il serait intéressant de réfléchir sur un produit similaire au crédit-bail. Le crédit-bail a été longtemps utilisé par les pratiquants avant que celui-ci ne fasse l'objet d'une légifération. Raison pour laquelle, nous pensons que ce sont les pratiquants qui peuvent réfléchir sur un produit similaire. Les nouvelles formes de monétisation des actifs de propriété intellectuelle peuvent être approfondies dans une recherche ultérieure.

BIBLIOGRAPHIE

I- Ouvrages/Mémoires/Thèses

Administration Nationale Chinoise de la propriété intellectuelle, OMPI, *Notions fondamentales de propriété intellectuelle : questions - réponses à l'usage des étudiants,* Beijing, CNIPA/ OMPI, 2019.

AHNER (F.), TOUATI (J. J.), *Inventions et créations des salariés : code du travail au code de propriété intellectuelle*, Rueil-Malmaison, Lamy, 2010.

AMBOULOU (H. D.), *Code monétaire OHADA*, Paris, L'Harmattan, 2020.

ANOUKAHA (F.), CISSE - NIANG (A.), FOLIE (M.), ISSA SAYEGH (J.), N'DIAYE (L. N.), SAMB (M.), *OHADA sûretés*, Bruxelles, Bruylant, 2002.

APOTHELOZ (B.), STETTLER (A.), DOUSSE (V.), *Théorie comptable et théorie des comptes, Lausanne*, Presses Polytechniques et Universitaires Romandes, 2007.

AUBERT (B.), BERNARD (J. G.), *Mesure intégrée du risque dans les organisations*, Montréal, Presses de l'Université de Montréal, 2004.

BAUDRY (M.), Brevets : incitation ou frein à l'innovation, Londres, Éditions ISTE, 2018.

BEAUDRY (D. N.), *Chaîne de valorisation des résultats de la recherche universitaire recelant un potentiel d'utilisation par une entreprise ou par un autre*, Conseil de la science et de la technologie, 2006.

BESSIERE (V.), STEPHANY (E.), *Le crowdfunding : fondements et pratiques*, De Boeck, 2014.

BILIAU (M.), *La délégation de créance, Essai d'une théorie juridique de la délégation en droit des obligations*, Paris, LGDJ, 1989.

BLAIZOT - HAZARD (C.), *Les droits de propriété intellectuelle des personnes publiques en droit français*, Paris, LGDJ, 1991.

BLANLUET (G.), *Essai sur la notion de propriété économique en droit privé français : recherches au confluent du droit fiscal et du droit civil*, Paris, LGDJ, 1999.

BLONDIEAU (A.), *L'indemnisation des préjudices résultant de la contrefaçon*, Mémoire de Master 2 en propriété industrielle, Université Paris 1 Panthéon Sorbonne, 2008.
BLONDIOU (P.), GIBSON (S.), *Quelques propos sur la rupture du contrat de travail : hommage à Pierre Blondiou*, Louvain-la-Neuve, Anthémis, 2008.
BONDGHENE (Y.), DE KEULENEER (E.), *Pratiques et techniques bancaires*, Bruxelles, Larcier, 2013.
BOURASSIN (M.), BREMOND (V.), *Droit des sûretés*, Paris, LGDJ, 2017.
BOSCHET (D.), *La franchise juridique : conseils pratiques*, Gualino, 2015.
BOUCHET (M. H.), *Intelligence économique et gestion des risques*, Montreuil, Pearson Éducation, 2007.
BOURCIER (D.), BASSET (P.), ROQUILLY (C.), *Droit et intelligence artificielle : une révolution de la connaissance juridique*, Romillat, 2003.
BREESE (P.), KAISER (A.), *L'évaluation financière des droits de propriété intellectuelle, brevets et actifs technologiques : évaluations financières des inventions et des innovations*, Issy les moulin eaux, Gualino/ L'Extenso, 2019.
BRUNET (T.), COMBES (M.), LE GOFF (L.), MAILHOS (C.), THURA (G.), VINOGRADOFF (G.), *Management des organisations : 1 ère STG, Sciences et technologie de la gestion,* Rosny-sous-Bois, Bréal, 2005.
BRUNET (T.), METAY (Y.), MOINE (F.), *Économie, droit : terminale STG*, Rosny-sous-Bois, Bréal, 2006.
CASTEL (O.), *L'électronique dans le développement industriel du Mexique*, Éditions de l'ORSTOM, 1991.
CELARIER (M.F.), MARIE VIVIEN (D.), *Les droits de propriété intellectuelle : guide pratique*, Montpellier, CIRAD, 2002.
CGEM, *Lutte contre la corruption : matrice des marchés, secteurs de l'électricité*, Rabat, Les guides CGEM, 2009.
CHABEN (M.), *Le financement participatif (Crowdfunding)*, Saint-Denis, Connaissances et savoirs, 2016.
CHANEL - REYNAUD (G.), *La banque et le risque PME*, Lyon, Presses Universitaires de Lyon, 2001.
CROCQ (P.), *Propriété et garantie*, Paris, LGDJ, 1995.
CROCQ (P.), YONDO (B.), BRIZOUA - BI (M.), FILLE - LAMBIE (O.), LAISNEY (L. J.), MARCEAUCOTTE (A.), *Le nouvel acte uniforme portant organisation des sûretés, la réforme du droit des sûretés de l'OHADA*, Rueil-Malmaison, Lamy, 2012.

DE MORIAME (V.), COSTA (R.), DE CORDT (Y.), *La crise économique et financière de 2008 - 2009 : l'entrée dans le 21 ème siècle*, Bern, Peter Lang, 2011.
DELIA (L.), *Droit d'auteur et droits voisins*, Paris, UNESCO, 1997.
DELVAUX (G.), TRONVILLS (H.), SERVAIS (J. L.), BASTOGNE (S.), DE STREEL (C. H.), *Nouveau droit comptable belge et application pratique des normes IAS/ IFRS*, Bruxelles, Édition comptabilité et productivité, Gent Universiteit, 2003.
DESTERI (J. P.), *La préférence dans les relations contractuelles*, Presses Universitaires d'Aix Marseille, 1997.
DIALLO (Y.), *Les sûretés et garanties réelles dans les procédures collectives*, Paris, L'Harmattan, 2019.
Faculté de droit et des sciences économiques d'Aix en Provence, *Études offertes à André Audinet*, Paris, PUF, 1968.
FOMETEU (J.), *Le droit d'auteur et les droits voisins : questions/réponses*, Paris, L'Harmattan, 2018.
GALIANA (D.), *L'approche expérimentale en biologie : améliorer sa pratique d'enseignant,* Limoges, Educagri, 2002.
GÉRARD (P. A. F.), *Code civil expliqué par la jurisprudence des cours et tribunaux, Belgique et de l'étranger*, Bruxelles, Librairie universelle de J. Rodez, 1859.
GERVAIS (D.), *L'Accord sur les ADPIC,* Bruxelles, Larcier, 2010.
GILLIGAN (J.), WRIGHT (M.), *Private equity demystified : an exploratory guide*, Oxford, Oxford University Press, 2020.
GNAKRI KOUASSI (S. E.), La protection des brevets et l'accès aux médicaments en Afrique, Mémoire de maîtrise en droit privé, Université Catholique d'Afrique de l'Ouest, 2006.
GOBLIN (C.), *L'affectif et les valeurs dans le choix d'investissement en equity Crowdfunding, une approche théorique transdisciplinaire*, Londres, Éditions ISTE, 2021.
GOFFIN (R.), *Analyse microéconomique*, Paris, Dalloz, 1975.
GRANELLE (J. J.), *Économie immobilière : analyses et applications*, Economica, 1998.
GUERRA (F.), *Comptabilité managériale : le système d'information comptable : 3 règles d'évaluation,* Bruxelles, De Boeck et Larcier, 2003.
HALT (J. G. B.), DONCH (J. C.), STILX (R.), FESNAK (R.), *Intellectual property un consumer electronica, software and technology startups*, New-York, Springer, 2014.
HANANE (L.), *Firme et marché : une approche de l'économie industrielle,* Éditions Dar Essalam, 2004.

HARISSON (S. S.), SULIVAN (P. H.), DAVIS (J. L.), *Edison in the boardroom revisited : how leading compagnies realize value from their intellectualisme assets,* New-York, Wiley, 2012.

HASTINGS (R.), MEYER (E.), *La règle ? Pas de règle : Netflix et la culture de la réinvention,* Buchet/ Chastel, 2021.

HELLER (D.), DE CHADIRAC (S.), HALAOUI (L.), JOUVET (C.), *L'émergence des start-up,* vol. 1, Londres, Éditions ISTE, 2019.

HENDRICKS (M.), *Crowdfunding : mode d'emploi*, Liège, Edipro, 2015.

HILTY (R. L.), BENABOU (V. L.), *Perspectives d'harmonisation du droit d'auteur en Europe,* New-York, Springer, 2017.

HIRSCHMAN (A. O.), *Shifting involvements: private interest ans public action,* Princeton, Princeton University Press, 2002.

HOUSSAIN (M. L.), *L'audit interne opérationnel et financier : les fondements et les techniques,* Collection Auditor, 1999.

JEULAND (E.), *Essai sur la substitution de personnes dans un rapport d'obligation,* Paris, LGDJ, 1999.

KAESMACHER (D.), STAMOS (T.), *Brevets, marques, droit d'auteur... Mode d'emploi*, Liège, Edipro, 2009.

KALE LUTINA (K.), *Économie politique*, Kinshasa, Éditions Bémul, 2012.

KALIEU ELONGO (Y.), *Droit et pratique des sûretés réelles OHADA,* Yaoundé, PUA, 2010.

KERMISH (C.), *Le concept de risque : de l'épistémologie à l'éthique,* Paris, Lavoisier Tec et D'oc, 2014.

KIMINOU (R.), *Économie et droit des affaires de la Caraïbe et de la Guyane : contribution à la connaissance des droits et des économies de la Caraïbe et de la Guyane*, Paris, Publibook, 2007.

KITNE (J. W.), Organisation des Nations Unies pour l'alimentation et l'agriculture, *Déverrouille le potentiel de l'eau en agriculture,* Rome, FAO, 2003.

KOUM DISSAKE (I. M.),

- *L'audit de la propriété intellectuelle : contribution à l'étude sur la normalisation de la propriété intellectuelle dans l'espace OAPI,* Éditions Européennes Universitaires, 2013.
- *La gestion collective du droit d'auteur et des droits voisins au Cameroun : gestion adéquate ou inappropriée ?* Éditions Européennes Universitaires, 2019.

LA PERCHE (B.), *Le capital social de l'entreprise*, Londres, Éditions ISTE, 2019.

LABARTHE (F.), NOBLOT (C.), *Le contrat d'entreprise*, Paris, LGDJ, 2008.

LAIGLE (F.), CARTON (C.), *Prévention des risques psycho sociaux : le nouveau cadre juridique en pratique,* Alphen aan den Rijn, Wolters Kluwer, 2014.
LALLEMENT (R.), *Propriété intellectuelle et protection de l'innovation : pratique et enjeu de régulation, Collection de l'innovation, entrepreneuriat et gestion : série de l'innovation entre le risque et la réussite*, Londres, Éditions ISTE, 2018.
LAMOUREUX (G. G.), *La possession personnelle antérieure*, ANRT, 1986.
LEBRU ROLLIN (M.), *Journal du palais présentant la jurisprudence de la Cour de cassation,* Vol. 74, F. F. Paris, 1863.
LEFÈVRE (F.), *Belgique juridique, fiscal, social, comptable*, Éditions F. Lefèvre, 2006.
LEWI (G.), LACOEUILHE (J.), ALBERT (A. S.), BOCHE (G.), *Branding management : la marque, de l'idée à l'action*, Montreuil, Pearson Éducation, 2007.
LOWE GNINTEDEM (P. J.), *Droit des brevets et santé publique dans l'espace OAPI,* Thèse de doctorat, Université de Dschang, 2011.
MA (M. Y.), *Fundamentals of patenting and licensing for scientistes and engineers*, New-Jersey, World Scientific Publishing, 2015.
MARTIAL (N.), *Droit des sûretés réelles sur propriété intellectuelle*, Aix en provence, PUA, 2007.
MASSERA (J. C.), *We are l'Europe : le projet Wale*, Gallimard, 2009.
MAZEAUD (H.), CHAVAS (F.), *Leçons de droit civil : introduction à l'étude du droit*, Montchrestien, 1991.
MERLIN (M.), *Répertoire universel et raisonné de jurisprudence*, Bruxelles, Tarlier Librairie Éditeur, 1826.
MERVILLE (A. D.), *Droit financier*, Gualino, 2011.
MISHKIN (F. S.), *Monnaie, banque et marchés financiers*, Montreuil, Pearson Éducation, 2010.
MODIANO (G.), *Le contrat de licence de brevet : droit suisse et pratique communautaire*, Genève, Librairie Droz, 1979.
MODOUX (G.), *Aspects de financement industriel à long terme*, Imprim. Sauberlin et Pfeiffer, 1870.
MONDONGA MOYAMA (J.), *Droit d'auteur et droits voisins : les aspects techniques, juridiques et économiques du droit d'auteur et ses applications en République Démocratique du Congo*, Mon petit éditeur, 2014.
MONTOUSSE (M.), CHAMBAY (D.), *100 fiches pour comprendre les sciences économiques*, 3 ème édition, Rosny-sous-Bois, Bréal, 2005.
MONTOUSSE (M.), WAQUET (I.), *Microéconomie*, Rosny-sous-Bois, Bréal, 2008.

MURPHY (W. J.), ORCUTT (J. L.), REMUS (P. C.), *Patent valuation: improving décision making through analysis,* Hoboken, New-Jersey, Wiley, 2002.
NORMAND (E.), *Réussir l'examen certifié AMF*, Montreuil, Pearson Éducation, 2013.
NYEMBO TAMPAKANYA (J. P.), *L'organisation des marchés financiers en République Démocratique du Congo pour l'installation d'une bourse de valeurs mobilières*, Paris, L'Harmattan, 2017.
OECD,
- *La stratégie de l'OCDE pour l'innovation pour prendre une longueur d'avance,* Paris, OECD, 2010.
- *Le financement des PME et des entrepreneurs*, Paris, OECD, 2018.
- *Modèle de convention fiscale concernant le revenu et la fortune, 2014*, Paris, OECD, 2016, p.40.
- *Science, technologie et industrie : perspectives de l'OCDE,* Paris, OECD, 2006.
OMC, OMPI, OMS, *Promouvoir l'accès aux technologies médicales et l'innovation : intersection entre la santé publique, la propriété intellectuelle et le commerce*, Genève, OMC, OMPI, OMS, 2012.
OMPI,
- *Guide de la fixation des savoirs traditionnels*, Genève, OMPI, 2019.
- *Inventer le futur : initiation aux brevets pour les petites et moyennes entreprises*, Genève, OMPI, 2006.
- *La propriété intellectuelle et les expressions traditionnelles ou expression du foklore,* Genève, OMPI, 2005.
- *Propriété industrielle et droit d'auteur*, Volume 3, Genève, OMPI, 1997.
- *Rapport sur la propriété intellectuelle dans le monde : le nouveau visage de l'innovation,* Genève, OMPI, 2011.
PANTALONY (R. E.), OMPI, *Guide de la propriété intellectuelle à l'intention des musées*, Genève, OMPI, 2007.
PARIENTE (S.), *Analyse financière et évaluation d'entreprise : méthodologie, diagnostic, prix d'offre,* Montreuil, Pearson Éducation, 2013.
PASSA (J.), *Droit de la propriété industrielle, marques et autres signes distinctifs, dessins et modèles*, Paris, LGDJ, 2009.
PELISSIER (J.), SUPIOT (A.), JEAMMAUD (A.), *Droit du travail*, Paris, Dalloz Siret, 2011.
PERRIN (J.), *Les transferts de technologie*, La découverte/ Maspero, 1983.
PICARD (P.), *Éléments de microéconomie*, Montchrestien, 1990.
PICHOT (A.), *Compte national et modèle économique*, Paris, PUF, 1988.

PIERRAT (E.), *Le droit de l'édition appliquée : chroniques juridiques de Livres Hebdo*, Vol. 2, CECOFOP/Pro Libris, 2000.
RAIGUEL (D.), *Le cinématographe et le droit d'auteur*, Impr. Nouv. C. Corbaz S.A, 1940.
ROCA (D.), *Le démantèlement des entraves aux commerces mondial et intracommunautaire*, Paris, L'Harmattan, 2007.
SALAMOLARD (J. M.), *La licence obligatoire en matière de brevet d'invention : étude de droit comparé,* Genève, Librairie Droz, 1978.
SCHEPENS (P.), *Guide sur la gestion collective des droits voisins,* Paris, UNESCO, 2000.
SCHERTLER (A.), *Dynamic efficiency and path dependencies in Venture capital market*, New York, Springer, 2013.
SCHMIDT - SZALEWSKI (J.), PIERRE (J.L.), *Droit de la propriété industrielle*, Paris, Lexis Nexis, 2007.
SIMON (P.), *Économie - Droit, BTS, 1 ère année,* Rosny-sous-Bois, Bréal, 2004.
STEIMAN (T.), *Les transferts de technologie et de marque en droit fiscal, international,* Polygraphisch, 1991.
TOVENA – PECAULT (I.), *Maîtriser les risques industriels de contamination,* Paris, Lavoisier – Tec et Doc, 2014.
TURNETTI (A.), PENNEAU (A.), *La normalisation : étude en droit électronique*, Saint-Denis, Connaissances et savoirs, 2018.
VIAUX (H.), *Le marché monétaire de Paris*, Paris, PUF, 1971.
WAKAP CHONGQING (B.), *L'exploitation du monopole conféré par la propriété industrielle et l'exercice des pratiques anti-concurrentielles en zone OAPI*, Mémoire de Master droit des affaires et de l'entreprise, Université de Dschang, 2013.
ZIO (M.), *Le cautionnement à l'épreuve du droit de la consommation : perspectives d'évolution du cautionnement en droit OHADA*, Saint-Denis, Connaissances et savoirs, 2016.

II- ARTICLES

AIMABLE (B.), CHATELAIN (J. B.), KALF (K.), « Nantissement des brevets et croissance des innovations », *Revue d'économie politique*, 2006/4 (20) 116, p. 523.
BAKAM TITGOUM (N. J.), « Le nantissement des marques de produits ou services : le législateur OHADA à l'épreuve de l'immatérialité », dans les *cahiers de la propriété intellectuelle,* Vol. 28, N°3, Éditions Yvon Blais, Octobre 2016.
BAMDE (A.), BOURDOISEAU (J.), « Le régime juridique de la subrogation (légale et conventionnelle) : notion, conditions, effets », http//www.aureliebamde.com.

BENHAMON (F.), SAGOT - DUVAUROUX (D.), « Économies des droits d'auteur, V. Synthèse », dans *Cultures études*, 2007/8 (N° 8), pp. 1 à 16.
BERGERON (C. L.), « La bonne foi et l'acquisition des fruits produits par la chose », dans *les cahiers de droit*, 2(2), 158 - 167.
COLLARD (C.), ROQUILLY (C.), « Les risques juridiques et leur cartographie : proposition de méthodologie », in *La revue des sciences et gestion* 2013/5-6 (N 263 - 264), pp. 45 à 53.
DANIEL (J.), « Le cadre juridique de la gestion collective du droit d'auteur au Canada », in *les cahiers de propriété intellectuelle,* Vol 11, N°1, Éditions Yvon Blais, Octobre 1998.
DELVAUX (Ph.), « La mobilisation des créances à titre de garantie dans travaux des 9èmes journées d'études juridiques Jean Dabin VII, la transmission des obligations », Bruxelles, Établissement Émile Bruylant, pp 541 - 542.
DIENG (M.), « La bourse régionale des valeurs mobilières, instrument majeur de l'économie ouest africaine », dans *The conversation*, 27 Février 2020.
DJOMGA (C. D.), « La forclusion par tolérance dans l'espace OAPI », in *OAPI Law Newsletter*, Dudieu Avocats.
ESSIANE (P. N. D.), ONOMO BETSAMA (J.), « Le développement du Crowdfunding dans la CEMAC : opportunités, frein et rôle de la banque centrale », *BEAC Occasional papier BOP*, N° 02/18, Janvier 2018, p. 5.
FARJAUDON (A.-L.), JAOUED – ABASSI (L.), « Valeur marketing et valeur financière de la marque : vers un modèle intégrateur », *Congrès international sur les tendances du marketing*, Venise, Jan 2010, pp. 4-5.
FRANCON (A.), « L'épuisement du droit de la marque », *JCP* 1990, I 3428, p. 247.
GUILLEMINOT (B.), FOURNIR (B.), « Le nantissement de marques », http://www.lexplicite.fr/le-nantissement-de-marques/.20/08/2015.
HEMDANE (T.), « Le Crowdfunding, une innovation pour financer le développement du » dans *Techniques financières et développement,* 2016/3 - 4 (N° 124), pp 27 à 34.
JEUNE AFRIQUE, « Bourse : Henri Claude Oyima, un financier gabonais à la tête de la BVMAC », *Jeune Afrique Magazine*, 12 juillet 2019.
JEWELL (C.), « 23 capital : créer de nouvelles façons de monétiser la propriété intellectuelle », *Magazine de l'OMPI,* Avril 2019.
KABRE (D.), « Étude critique du nantissement des droits de propriété intellectuelle en droit OHADA » in *Lecames*, 2014.

KIMINOU (R.), « De l'épuisement des droits de propriété intellectuelle de l'OAPI » dans *Revue internationale de droit comparé*, 1997, p. 993.
KING (K.), « La valeur de la propriété intellectuelle de l'actif incorporel et du fonds de commerce », in *The valuation and exploitation of intangible assets*, EMIS, Juin 2003.
LEHU (J. M.), « Valeur et valeurs de la marque », in *Revue trimestrielle du centre d'analyse stratégique*, N°7, Janv. - Mars 2008.
MOLLICK (E.), « The dynamics of Crowdfunding: an exploratory study », *Journal of Business venturing*, vol. 28, 2014.
NGOMBE (L. Y.), « Le contentieux de la propriété intellectuelle dans l'espace OAPI et dans l'espace ARIPO aperçu jurisprudentiel décennal (Janvier 2004 - Décembre 2013) », in *Cahiers de la propriété intellectuelle*, vol. 16, N°3, Éditions Yvon Blais, Octobre 2014.
NGUYEN VAN YEN (C.), « Petite histoire de la monétisation des brevets », La propriété intellectuelle, Mines, *Revue des ingénieurs Paris, Saint-Etienne, Nancy*, Mars - Avril 2017.
OMPI, « Propriété intellectuelle et financement : une introduction », *Magazine de l'OMPI*, 5/2008.
RHEAUME (J.), « La cession générale des créances commerciales à titre de garantie comme contrat de fiducie en droit québécois, français et anglais », dans *les cahiers de droit* 28 (1), 137-138.
SAUVIN (T.), « Modalités et fonction des accords de compensation internationaux : les cas des relations Nord - Sud », *Revue Tiers monde*, Paris, PUF, 1995, p. 898.
SCHWIENBACHER (A.), LARRALDE (B.), « Crowdfunding of small entrepreneurial venture », *Journal électronique SSRN*, 10, 1, 23, 28 septembre 2010.
SCORDMAGLIA (V.), « Fonction du droit de marque, épuisement et transit », *Prop. Ind. 2010*, N°10, Dossier, Fonction des droits de propriété intellectuelle, N° 6.
STOSSENS (H.), « Transfert de technologie et formation » dans *L'entreprise et l'homme, Revue de l'association chrétienne des dirigeants et cadres*, Vol. 55, 1989, p. 81.
TAFFOREAU (P.), « Conditions de l'épuisement du droit de marque en cas de commercialisation par un licencié », *note de cass.com*, 13 juillet 2010, N° 9-14668, Société Thierry Mugler.
TOURNEAU (Ph.), « Contrat et obligations » in *Encyclopédie Dalloz*, Vol. V, Paris, Dalloz, 1997, p. 1.
WARCOIN (J.), « L'audit de la propriété industrielle », *La jaune et la rouge : la revue de la communauté polytechnicienne*, Novembre 2012.

Table des matières

PRÉFACE....7
INTRODUCTION....11

TITRE 1 : LE FINANCEMENT DE LA CRÉATION DES ACTIFS DE PROPRIÉTÉ INTELLECTUELLE....15
Chapitre 1 : L'objectif visé par les intervenants financiers....17
Section 1 : La cession des revenus des actifs de propriété littéraire et artistique....17
Paragraphe 1 : Le financement de la création des actifs de propriété littéraire et artistique futurs par prêt....19
A- Le prêt d'argent....19
B- Les actifs de propriété littéraire et artistique susceptibles d'un financement par prêt....24
Paragraphe 2 : La cession des revenus futurs aux intervenants financiers apportant le financement....26
A- La cession des œuvres futures....26
B- La cession des revenus futurs....28
1-La cession de créance en tant que mode de paiement....29
2-La cession de créance en tant que sûreté....32
Section 2 : l'entrée dans le capital des sociétés demanderesses de financement pour la création des actifs de propriété intellectuelle....38
Paragraphe 1 : L'entrée des investisseurs individuels dans le capital des sociétés....45
A- Les *business angels*....45
B- Le *crowdequity*....49
Paragraphe 2 : L'entrée des investisseurs professionnels dans le capital des sociétés....54
A- Le *private equity*....55
B- Le *venture capital*....57
Chapitre 2 : L'objectif visé par les initiateurs de la création....61

Section 1 : La propriété sur les actifs de propriété intellectuelle créés 61
Paragraphe 1 : Les contrats de commande et de travail 62
A- Le contrat de commande 62
B- Le contrat de travail 64
Paragraphe 2 : Les règles de propriété sur les actifs de propriété intellectuelle créés 66
A- La titularité sur les actifs de propriété industrielle créés 67
B- La titularité sur les actifs de propriété littéraire et artistique créés 71
Section 2 : Considération des risques dans l'attente d'un retour sur investissement 75
Paragraphe 1 : L'identification du risque 75
A- Les risques juridiques 75
1-Les risques découlant du fait personnel 76
2-Les risques découlant du fait d'un tiers 83
B- Les risques financiers 87
Paragraphe 2 : L'analyse des risques 93
A- La classification des risques 93
1-Au regard des conséquences 93
2-Au regard de la probabilité 96
B- L'estimation du risque 100
1-Risque acceptable 100
2-Risque accepté 103

TITRE 2 : LE FINANCEMENT DE LA GESTION DES ACTIFS DE PROPRIETE INTELLECTUELLE 105
Chapitre 3 : Les objectifs visés par les prêteurs sur garantie 107
Section 1 : Le recours aux actifs de propriété intellectuelle nantis en paiement en cas de non remboursement 107
Paragraphe 1 : Le nantissement des actifs de propriété intellectuelle 107
A- Les actifs de propriété intellectuelle existants 108
B- Tout ou partie des droits 114
C- L'exclusion des fruits et accessoires 116
Paragraphe 2 : L'utilisation de l'actif de propriété intellectuelle nanti en paiement 117
A- Les droits du créancier 117

B- La réalisation de la garantie..119
Section 2 : Nécessité d'une évaluation des actifs
de propriété intellectuelle 121
Paragraphe 1 : La détermination de la valeur.........................121
A- La valeur juridique 121
1-La qualité de l'exclusivité 122
2-La qualité de la protection..127
B- La valeur financière..129
1-La valeur financière fondée sur le patrimoine......................129
2-La valeur financière fondée sur le revenu 131
Paragraphe 2 : Les méthodes d'évaluation des actifs
de propriété intellectuelle 134
A- Les méthodes d'évaluation financières......................134
1-Les méthodes traditionnelles...134
2-Les méthodes modernes 138
B- Méthode juridique : l'audit de propriété
intellectuelle 142
1-Revue documentaire..142
2-L'analyse de la revue documentaire.....................................144
Chapitre 4 : L'objectif visé par les exploitants......................147
Section 1 : L'exploitation via les contrats de propriété
intellectuelle 148
Paragraphe 1 : La vente des actifs de propriété intellectuelle.148
A- La vente directe 148
1-La vente simple 148
2-L'échange 151
B- La vente indirecte 154
1-La vente aux enchères des actifs de propriété
intellectuelle 155
2-Le courtage des actifs de propriété intellectuelle 158
Paragraphe 2 : La location des actifs de propriété
intellectuelle 161
A- La licence 162
B- La licence comme sous ensemble d'un projet
économique 165
Section 2 : L'exploitation au travers de la gestion collective
des droits d'auteur et droits voisins 168
Paragraphe 1 : La perception des redevances........................169
A- Les redevances contractuelles 170

B- Les redevances légales 171
Paragraphe 2 : La répartition 173
A- La documentation 173
B- La rétribution aux œuvres 175

CONCLUSION 181
BIBLIOGRAPHIE 185

Structures éditoriales du groupe L'Harmattan

L'Harmattan Italie
Via degli Artisti, 15
10124 Torino
harmattan.italia@gmail.com

L'Harmattan Hongrie
Kossuth l. u. 14-16.
1053 Budapest
harmattan@harmattan.hu

L'Harmattan Sénégal
10 VDN en face Mermoz
BP 45034 Dakar-Fann
senharmattan@gmail.com

L'Harmattan Cameroun
TSINGA/FECAFOOT
BP 11486 Yaoundé
inkoukam@gmail.com

L'Harmattan Burkina Faso
Achille Somé – tengnule@hotmail.fr

L'Harmattan Guinée
Almamya, rue KA 028 OKB Agency
BP 3470 Conakry
harmattanguinee@yahoo.fr

L'Harmattan RDC
185, avenue Nyangwe
Commune de Lingwala – Kinshasa
matangilamusadila@yahoo.fr

L'Harmattan Congo
219, avenue Nelson Mandela
BP 2874 Brazzaville
harmattan.congo@yahoo.fr

L'Harmattan Mali
ACI 2000 - Immeuble Mgr Jean Marie Cisse
Bureau 10
BP 145 Bamako-Mali
mali@harmattan.fr

L'Harmattan Togo
Djidjole – Lomé
Maison Amela
face EPP BATOME
ddamela@aol.com

L'Harmattan Côte d'Ivoire
Résidence Karl – Cité des Arts
Abidjan-Cocody
03 BP 1588 Abidjan
espace_harmattan.ci@hotmail.fr

Nos librairies en France

Librairie internationale
16, rue des Écoles
75005 Paris
librairie.internationale@harmattan.fr
01 40 46 79 11
www.librairieharmattan.com

Librairie des savoirs
21, rue des Écoles
75005 Paris
librairie.sh@harmattan.fr
01 46 34 13 71
www.librairieharmattansh.com

Librairie Le Lucernaire
53, rue Notre-Dame-des-Champs
75006 Paris
librairie@lucernaire.fr
01 42 22 67 13

www.ingramcontent.com/pod-product-compliance
Lightning Source LLC
LaVergne TN
LVHW010938061026
849535LV00007B/2459
* 9 7 8 2 1 4 0 2 7 7 4 5 0 *